Natalie Beck

Rassismussensibler Literaturunterricht in der Grundschule

Sebastian Bernhardt (Hg.)
Literatur – Medien – Didaktik
Band 6

Natalie Beck

Rassismussensibler Literaturunterricht in der Grundschule

Mediendidaktische Perspektiven

Umschlagabbildung: © Pixabay

ISBN 978-3-7329-1007-6
ISBN E-Book 978-3-7329-8929-4
ISSN 2749-5620

Herstellung durch Frank & Timme GmbH,
Wittelsbacherstraße 27a, 10707 Berlin.
Printed in Germany.
Gedruckt auf säurefreiem, alterungsbeständigem Papier.

www.frank-timme.de

Inhaltsverzeichnis

Dank

Der vorliegende Band stellt die leicht überarbeitete Version meiner Masterarbeit dar, die ich im Sommersemester 2023 an der Pädagogischen Hochschule in Schwäbisch Gmünd verfasst habe.

Zuallererst möchte ich mich bei Professor Dr. Sebastian Bernhardt bedanken: Vielen Dank, lieber Sebastian, für all deine Unterstützung. Danke, dass du immer an mich geglaubt hast und mir immer mit Rat und Tat zur Seite stehst. Danke für die Inspiration, all unsere Gespräche und natürlich für die Chance, meine Ausarbeitung in deiner Reihe Literatur–Medien–Didaktik zu veröffentlichen.

Außerdem möchte ich mich bei meinem Partner Mark bedanken. Lieber Mark, danke, dass du immer für mich da bist und mich während meines Studiums und insbesondere während meiner Abschlussarbeit so sehr unterstützt hast. Ein großer Dank gilt auch meiner Schwester Julia, meinen Eltern Maja & Christian, meinen Großeltern und all meinen Freund:innen für die großartige Unterstützung, die ich von Euch während meines Projekts erhalten habe. Dem Frank & Timme Verlag und insbesondere Herrn Renner gebührt mein aufrichtiger Dank für die schnelle und unkomplizierte Drucklegung.

1 Einleitung

Im Grundgesetz der Bundesrepublik Deutschland, Artikel 3, ist die Gleichheit vor dem Gesetz festgeschrieben (vgl. Bundeszentrale für politische Bildung 2022: 23). In diesem Artikel wird angeführt, dass alle Menschen vor dem Gesetz gleich seien (vgl. ebd.) und „[…] niemand wegen […] seiner Rasse, […] benachteiligt oder bevorzugt werden [darf]." (ebd.) Die Verwendung des Wortes **Rassen*[1] innerhalb des Grundgesetzes der BRD impliziert, dass eine Kategorisierung von Menschen in Deutschland besteht. Auch wenn in diesem Paragrafen betont wird, dass die Unterscheidungskategorie **Rasse* nicht als Differenzkriterium fungieren soll, erscheint schon die Erwähnung als zentral: Dass nämlich der Diskriminierungsgrund nicht selbstverständlich ausgeschlossen ist, sondern noch einmal exponiert werden muss, impliziert dessen Präsenz in der Struktur unserer Gesellschaft.

In der öffentlichen Debatte findet durchaus eine Auseinandersetzung mit der Thematik statt. Sowohl die alte Bundesregierung als auch die neue setzt sich für die Bekämpfung von Rassismus ein (vgl. Froese/Thym 2022: o. A.). Es wurde beispielsweise ein Maßnahmenkatalog des Kabinettsausschusses zur Bekämpfung von Rechtsextremismus und Rassismus auf den Weg gebracht (vgl. Presse- und Informationsamt der Bundesregierung 2020: 1–11) und die neue Bundesregierung spricht von einer Grundgesetzänderung, um den Begriff **Rasse* zu ersetzten (vgl. Froese/Thym 2022: o. A.). So gibt es beispielsweise den Tag gegen Rassismus, der jährlich am 21. März stattfindet (vgl. bpb 2023: o. A.) oder den Tag der Vielfalt, der auf den 23. Mai datiert ist. Zwar gibt es diese Aktionstage schon länger, dennoch haben sie aktuell auch Einzug in die Medien gefunden (vgl. dazu ARD 2023). Auch im Bildungssektor ist das Thema längst präsent: Im aktuellen Bildungsplan des Landes Baden-Württemberg ist unter anderem die Leitperspektive „Bildung für Toleranz und Akzeptanz von Vielfalt" (Bildungsplan Ba-Wü 2016). aufgelistet. Die einzelnen Unter-

1 **Rasse* schreibe ich in meiner Arbeit kursiv und mit *, um den Konstruktcharakter zu verdeutlichen.

richtsfächer verfolgen somit alle das Ziel, dass Schüler:innen sich „tolerant und vorurteilsfrei […] begegnen“ (Bildungsplan Ba-Wü 2016). Doch findet wirklich ein Umdenken statt? Auch Debatten um die Kinder- und Jugendliteratur beschäftigen sich mit Fragen in Bezug auf Rassismus. Zuletzt war die Abitur-Pflichtlektüre des Bundeslands Baden-Württemberg in den Medien, da dort Wolfgang Koeppens *Tauben im Gras* (1951) als Pflichtlektüre eingesetzt wurde, in der rassistische Begriffe ohne editorische Notiz vorkommen (vgl. SWR 2023). Allerdings wurde die Lektüre *Tauben im Gras* nicht als Pflichtlektüre gestrichen, stattdessen soll sie weiterhin gelesen werden und Bestandteil der Abiturprüfung sein. Zudem soll sie ab 2025 nicht ersetzt, sondern nur um andere Werke ergänzt werden. Schon Werke, die an Grundschulen rezipiert werden, enthalten rassistische Inhalte wie beispielsweise *Pippi Langstrumpf (*1945) oder *Jim Knopf (*1960). Auch hier finden Auseinandersetzungen statt: Sollen die rassistischen Wörter ersetzt werden? Sollen die Bücher nicht mehr (vor-)gelesen werden? Oder soll über derartige Inhalte gesprochen werden? Falls ja, wie spricht man mit Grundschüler:innen am besten über Rassismus?

In meiner Auseinandersetzung mit machtreflexivem Literaturunterricht (vgl. dazu Kapitel 6 dieser Arbeit) werde ich mich mit diesen Fragen beschäftigen und drei unterschiedliche Medien analysieren und vergleichen. Dabei geht es mir weniger um explizite rassistische Aussagen und Wörter. Vielmehr werde ich Medien beleuchten, die sich als rassismussensibel oder diversitätsorientiert ausgeben. Hierfür nehme ich insbesondere die Tiefenstruktur und das Figurenpanorama in den Blick. Vor allem die Hierarchisierung, die Stereotypisierung der Figuren und die Machtachsen werde ich herausarbeiten. Darauf aufbauend werde ich didaktische und methodische Implikationen ableiten.

Zunächst werde ich in die Rassismusforschung einführen und dafür historische Entwicklungen beleuchten. Dabei komme ich zunächst auf das **Rasse*konstrukt zu sprechen und zeige auf, inwiefern dieses Konstrukt den Kolonialismus und den Umgang mit Rassismus auch heute noch beeinflusst. Aufbauend darauf werde ich folgende Medien analysieren:

1. Das Bilderbuch „Wie ich Papa die Angst vor Fremden nahm“
2. Das Hörbuch „Bibi Blocksberg – Abenteuer Indien!“
3. Den Spielfilm „Bibi & Tina – Tohuwabohu Total!“

Anschließend diskutiere ich die literaturdidaktischen Forschungspositionen in Bezug auf Rassismus und werde mich insbesondere an den kulturwissenschaftlich orientierten Herangehensweisen Bernhardts, Gansels, Mitterers etc. orientieren. Nachdem ich die Analysen auf einen rassimussensiblen Literaturunterricht bezogen habe, folgt der Ausblick meiner Arbeit.

2 Überblick über die aktuelle Forschung

Während Mecheril und Melter in ihrem 2009 erschienen Beitrag darlegen, dass der Rassismusbegriff bis zum Anfang der 1990er Jahre in verschiedenen wissenschaftlichen Kontexten tabuisiert war (vgl. Mecheril/Melter 2009a: 13) und aufgrund dessen Verharmlosung und Leugnung rassistischer Realität in Deutschland keine Ausnahme darstellten, zeichnen Sinanoğlu und Polat 14 Jahre später zunächst ein anderes Bild: So steige die Bereitschaft, über Rassismus zu sprechen, die Aufarbeitung rassistischer Vorfälle wachse und beinahe die gesamte Bevölkerung erkenne an, dass Rassismus existiere (vgl. Sinanoğlu/Polat 2023: 7). Alexopoulou stellt vor diesem Hintergrund die dringliche Frage, ob sich durch das Sprechen über Rassismus etwas geändert habe (vgl. Alexopoulou 2022: 5). Dabei verweist sie auf die Rassismusforschung, die in Deutschland nach wie vor in den Kinderschuhen stecke. Symptomatisch dafür sei, dass es noch 2022 keinen Lehrstuhl zur Rassismusforschung gebe (vgl. ebd.: 12). Lutz und Leiprecht untermauern dieses Bild, wenn sie beschreiben, dass der Rassismusbegriff als analytische Kategorie gemieden werde (vgl. Lutz/Leiprecht 2022: 27). Zudem, so Alexopoulou, könne die akademische Welt Rassismus zwar nicht mehr ignorieren, dennoch könne Rassismusforschung diffamiert werden (vgl. Alexopoulou 2022: 12). Sie macht deutlich: Die reine Auseinandersetzung mit Rassismus führt nicht automatisch zu einer fundierten Rassismusforschung. Sinanoğlu und Polat stellen dar, dass stattdessen zu weniger historisch aufgeladenen und weniger unbehaglichen Konzepten wie Ausländerfeindlichkeit oder Fremdenhass geforscht werde. Somit hat sich seit dem 2009 erschienen Beitrag von Mecheril und Melter zwar augenscheinlich etwas geändert und es wird über Rassismus gesprochen – dennoch scheinen die Erkenntnisse von damals präsent zu sein: Rassismus ist keine Ausnahme und bestimmt das Zusammenleben der Menschen in Deutschland. Der Rassismusbegriff jedoch ist im wissenschaftlichen Kontext auch heute noch strittig und wenig präsent. Laut Rommelspacher ist einer der wesentlichen Gründe hierfür die Komplexität und die Abgrenzung zu anderen Termini (vgl. Rommelspacher 2009: 25). Für meine Arbeit werde ich zunächst die historische Entwicklung des Rassismusbegriffs in den Blick nehmen, um dann verschiedene Definitions- bzw. Theorieansätze darzustellen.

2.1 Ein historischer Blick auf Rassismus

Alexopoulou beschreibt, der Rassismusbegriff sei im Gegensatz zu anderen Begrifflichkeiten ein neuerer Begriff (vgl. Alexopoulou 2023: 23). Sowohl die Entstehung als auch die Verbreitung sei dabei nicht abschließend geklärt (vgl. ebd.). In Deutschland sei der Begriff das erste Mal 1933 verwendet worden (vgl. ebd.). Lange Zeit, so Alexopoulou, sei Rassismus innerhalb der deutschen Zeitgeschichtsforschung als ein externer Untersuchungsgegenstand behandelt worden (vgl. ebd.: 23f.). In den letzten dreißig Jahren habe sich zwar eine historische Forschung etabliert, im Mittelpunkt stünde allerdings die Zeit bis 1945 (vgl. ebd.: 24). Während der Rassismusbegriff in vielen Forschungsbereichen gemieden wurde (vgl. dazu Kapitel 2 dieser Arbeit), ist es heutzutage vor allem die historische Forschung, die sich mit Rassismus auseinandersetzt. Dies führt dazu, dass sich dieser historische Blickwinkel etabliert. Allerdings ist dieser historische Blick begrenzt – die Zeit nach 1945 wird kaum betrachtet. Dabei seien Rassismus und Rechtsextremismus integrale Bestandteile des vereinigten Deutschlands (vgl. Foroutan 2020: 12). Foroutan verweist auf die Terrororganisation NSU, auf die rassistischen Anschläge in Halle an der Saale oder die Ermordung von neun Menschen in Hanau (vgl. ebd.) und macht deutlich, wie präsent Rassismus in Deutschland ist und wie verheerend die Auswirkungen sind. Die Entstehung von Rassismus und die historische Entwicklung sind zentral, um die Auswirkungen des heutigen Rassismus zu verstehen – das Negieren von Rassismus nach 1945 spielt dabei ebenfalls eine Rolle. Aus diesem Grund beleuchte ich zunächst die historische Entwicklung und beziehe diese Erkenntnisse im Anschluss auf den Rassismus heute.

2.1.1 Historische Entwicklung des Konstrukts der *Rassen

Fundamentale Ungleichheiten und damit verbundene Unterdrückungen gab es innerhalb der Menschheitsgeschichte wohl schon immer. Doch bei dem **Rasse*-Konstrukt geht es insbesondere um die Legitimation dieser Unterdrückungen (vgl. Geulen 2023: 2). Hierfür scheinen vor allem vier Punkte zentral:

1. Miles schreibt, dass im Mittelalter anormale Eigenschaften als göttliche Warnung und mit der Ausweitung des Christentums als Strafe verstanden wurden (vgl. Miles 2014: 25). Dabei seien verschiedene physische Eigenschaften als monströs bezeichnet worden. Eine dieser Eigenschaften sei die Hautfarbe gewesen. Insgesamt seien in dieser Zeit Farben mit Bedeutungen aufgeladen worden (vgl. ebd.). Die Unterscheidung in schwarz und **weiß* sei somit auch zu einer Unterscheidung in böse/gut oder in Satan/Christus geworden (vgl. ebd.: 26). Miles resümiert, dass sich so ein Diskurs über den **Anderen*, dem phänotypische und kulturelle Abweichungen gegenüber der Norm zugeschrieben wurden, etabliert habe. Aus diesem Diskurs habe sich eine Darstellungsform des **Wilden* ergeben (vgl. ebd.).
2. Geulen klammert etwaige Anomalitäten als Ursprung von Rassismus aus, aber auch er sieht einen Anfang des später entstandenen **Rasse*-Konstrukts im Mittelalter (vgl. Geulen 2023: 3). So sei am Ende der Reconquista, also der Ausweitung des Christentums und der Zwangsbekehrung der gesamten Bevölkerung des heutigen Spaniens und Portugals, ein neues Kriterium erfunden worden (vgl. ebd.). Ein reines Glaubensbekenntnis sei kein Zugehörigkeitskriterium mehr (vgl. ebd.). Stattdessen wurde ein neues Kriterium gebildet – die Blutsreinheit. Von nun an seien Menschen in **Rassen* eingeteilt worden, die sich je nach Grad und Dauer der Zugehörigkeit des Christentums unterschieden (vgl. ebd.).

Diese beiden beschriebenen Konzepte, die ihren Ursprung im Mittelalter haben, sind zentral für den späteren Blick und die Entwicklung der **Rassen*. Wie Miles beschreibt, etablierte sich eine Kategorisierung auf Grund von physischen Eigenschaften – insbesondere der Hautfarbe. Diese physischen Eigenschaften wurden mit negativen Attributen versehen. Geulen bezieht sich auf die Blutsreinheit in Bezug auf die Glaubensrichtung. Zentral ist auch hier, dass es eine Norm gab, die durch bloße Verhaltensänderungen oder Anpassungen (z. B. durch Glaubensbekenntnisse) nicht erreicht werden konnte. Beide Ansätze verbindet, dass es eine vermeintlich naturgegebene Unterscheidung gab, die unabänderlich war. Geulen resümiert, dass wenn es um Reinheit, Echtheit oder um eine Abweichung davon gehe, Menschen in **Rassen* unterschieden wurden (vgl. Geulen 2023: 4).

3. Im Zuge der Aufklärung sei zwar ein Denken entstanden, das alle Formen der Ausgrenzung für illegitim hielt (vgl. ebd.). Allerdings wurden zu dieser Zeit neue „Legitimationslegende[n]“ (Rommelspacher 2009: 26) geschaffen, die die Ungleichbehandlungen von Menschen rational zu erklären versucht haben (vgl. ebd.). Das Konzept der **Rasse*, so Geulen, habe einen ideologischen Ausweg geboten (vgl. Geulen 2023: 4). Da es sich als ein natürlich-biologisches Konzept ausgab, habe es das Ideal der Aufklärung für sich genutzt (vgl. ebd.). Die Gleichheit der Menschen sei durch die Kategorisierung von Menschen in **Rassen* obsolet geworden (vgl. ebd.). Die **Rassen*, so führt Geulen weiter aus, seien damit zu einem biologischen Unterscheidungskriterium geworden: Sie würden sich in ihren natürlichen Entwicklungsgraden unterscheiden (vgl. ebd.). Insofern sei die Ungleichbehandlung einer niedrigeren **Rasse* ein notwendiger Teil eines „Zivilisierungsprozesses“ (ebd.), sodass eine gleiche Menschheit entstehen könne (vgl. ebd.). Kurz gesagt: Die Kategorisierung von Menschen hat in natura nicht zum Aufklärungsgedanken, der die Freiheit, Gleichheit und Brüderlichkeit der Menschen in den Fokus rückte, gepasst. Aus diesem Grund wurde diese Gleichheit in **Rassen* kategorisiert – innerhalb dieser **Rassen* waren die Menschen zwar gleich, zwischen ihnen gab es aber eine Hierarchisierung. Dabei wurde die hierarchiehöhere Kategorie als Idealzustand angesehen, die von allen Menschen zwar erreicht werden sollte und somit Ungleichbehandlungen rechtfertigte, aber

im selben Zuge niemals von der hierarchieniedrigeren Kategorie erreicht werden konnte, da diese grundlegend ideologische Funktionsweise auf der Annahme einer „natürlichen, biologisch gegebenen und kaum veränderbaren Ungleichheit der Menschenrassen" (Geulen 2023: 4) basierte.

4. Als einen weiteren Strukturwandel beschreibt Geulen den Evolutionismus im 19. Jahrhundert (vgl. ebd.). Zentral sei hierbei insbesondere die Darwin'sche Evolutionstheorie, da diese, so Geulen, die Annahme der „natürlich-ewige[n] Ordnungen" (ebd.) entkräftete. Die bisherige *natürliche* Kategorisierung und Hierarchisierung in **Rassen* war mit den Gedanken nicht vereinbar. Während es nämlich innerhalb dieser Theorie darum ging, dass eine Anpassung an die Umwelt Überlebenswahrscheinlichkeiten erhöhe, wurde für das Weltbild des Rassismus eine andere „Lesart" (ebd.) herangezogen: Das als **anders* Gesetzte wurde von nun an als schwach angesehen. Die Unterscheidung war somit nicht mehr naturgegeben, sondern die Konsequenz von (schwachem) Verhalten. Resultierend daraus waren nicht mehr die Unterschiede zentral, sondern die Bekämpfung des „**rassisch *Anderen*" (ebd.: 5 Kursivierung N.B.). Geulen resümiert: Es ging nicht mehr um die „naturgegebene ‚*Rassenordnung*'" (ebd. Kursivierung N.B.), sondern um die „rassistische Praxis der Ausgrenzung selbst." (ebd.)

Zu Zeiten der Aufklärung – mit dem Grundmotiv der Freiheit, Gleichheit und Brüderlichkeit – war die Legitimationsgrundlage deshalb die Kategorisierung: Innerhalb der einzelnen Kategorien waren die Grundmotive leitend. Zwischen den Kategorien jedoch war eine Hierarchisierung zentral. Dieser naturgegebene Gedanke wurde mit dem Evolutionismus zwar widerlegt (Natürlichkeit der Kategorisierung), dennoch wurde die Kategorisierung aufrechterhalten und mit einem neuen Attribut versehen. Von nun an galten als **anders* Gesetzte zudem als schwach und unangepasst.

Alle vier vorgestellten Konzepte vereint, dass die Kategorisierung von Menschen begründet werden sollte – es ging nicht nur um die Bildung einer Norm versus dem vermeintlich **Anderen,* sondern um deren Legitimation;

dennoch ist der Gedanke der Normsetzung zentral und wird im Folgenden (vgl. dazu Zwischenfazit) noch erläutert; während im Mittelalter und zu Zeiten der Aufklärung noch von einer physischen Unterscheidung ausgegangen wurde, wurde diese im 19. Jahrhundert politisiert: Geulen beschreibt, der Rassismus zu dieser Zeit sei nicht mehr von reiner Überlegenheit geprägt, sondern von Angst (vgl. Geulen 2023: 5). So sei die Bekämpfung des *Anderen* nicht nur ein politischer und militärischer Sieg, sondern auch eine Selbststärkung des Selbst (vgl. ebd.).

2.1.2 Festsetzung des *Rassegedankens

In diesem Kapitel werde ich verschiedene historische Ereignisse beleuchten und so die Festsetzung des **Rassegedankens* aufzeigen, beginnend mit dem Kolonialismus. Ich werde mich auf dessen Entstehung und Entwicklung konzentrieren und nur einige Ereignisse beleuchten – die aber, so meine Annahme, besonders prägend für die Festsetzung des **Rassegedankens* sind. Für die deutsche Entwicklung ist ein Blick auf die Deutschen Kolonien wichtig.

Hall sieht die *Entdeckung* der *Neuen Welt* als eine der ersten Hauptphasen des Kolonialismus (vgl. Hall 2016: 144). Im fünfzehnten Jahrhundert, so Miles, habe sich das Zentrum der wirtschaftlichen und politischen Macht im nördlichen und westlichen Europa etabliert (vgl. Miles 2014: 29). Handel, Reisen und Entdeckungsfahrten seien zu dieser Zeit zentrale Elemente der kolonialen Expansion gewesen (vgl. ebd.: 29f.). Metzler schreibt, die *Neue Welt* habe in Europa als Quelle unermesslichen Reichtums gegolten (vgl. Metzler 2018a: 6). Miles wirft einen Blick auf die Erwartungshaltung der Europäer:innen. So seien die Reisen und die Entdeckungsfahrten mit bestimmten Vorstellungen verknüpft und die Europäer:innen erwarteten vor allem eine Begegnung mit dem **Anderen* (vgl. Miles 2014: 30). Diese Intentionen und Zielvorstellungen haben die Wahrnehmung der Bevölkerung und auch den Diskurs über den **Anderen* maßgeblich beeinflusst (vgl. ebd.). Exemplarisch bezieht sich Miles auf Kolumbus, der anlässlich der *Entdeckung* der *Neuen Welt* von wilden Menschen gesprochen habe (vgl. ebd.). Hieraus lassen sich verschiedene Implikationen ableiten: Der Blickwinkel der Europäer:innen war durch die vermeintliche Überlegenheit gekennzeichnet.

1. Das machtvolle Europa wurde als Imperium angesehen, welches die Norm bildete.
2. Die Europäer:innen *entdeckten* eine *Neue Welt*, derer sie sich frei bedienten.
3. Dabei setzten sie ihren eigenen Blickwinkel zentral – die *Neue Welt* wurde dabei nur aus der europäischen Sichtweise ausgemacht. Dieser Blickwinkel wurde durch die Erzählungen über die **Wilden* von beispielsweise Christoph Kolumbus maßgeblich beeinflusst. Während dieser in der westlichen Welt zur damaligen Zeit als Held gefeiert wurde, verfestigte sich ein Blick, der auf seinen Erzählungen basierte: Die dortige Bevölkerung wurde schon vor der eigentlichen Begegnung als das **Andere* deklassiert. Metzler beschreibt dies als einen Anfangspunkt des Kolonialismus (vgl. Metzler 2018a: 6). Zimmerer hebt hervor, dass Deutsche schon von Anfang an an diesen Prozessen – der europäischen Expansion – beteiligt gewesen seien (vgl. Zimmerer 2012: 6).

Die Periode des frühen Kontakts der Eroberung, Siedlung und Kolonisierung sei eine Weitere der Hauptphasen gewesen (vgl. Hall 2016: 144). Das Deutsche Reich eignete sich in den Jahren 1884 und 1885 Territorien in West-, Ost-, und Südafrika (Kamerun, Togo, Namibia und Tansania), Inseln im Pazifik und später Kiautschou in China an und wurde damit, so Zimmerer, Kolonialmacht (vgl. Zimmerer 2012: 7). Auch Metzler stellt dar, dass sich um die Wende vom 19. zum 20. Jahrhundert die europäische Herrschaft über die Kolonialgebiete verdichtet und formalisiert habe (vgl. Metzler 2018b: 12). Als Gründe führt Zimmerer an, dass die Kolonien als „heile Welt" (Zimmerer 2012: 6) angesehen wurden, die die Probleme Europas lösen sollten (vgl. ebd.). Zudem sei die Konkurrenz zwischen den Industriestaaten ein Grund – die einzelnen Nationen wollten sich gegenüber den anderen Nationen durchsetzen und sahen dies als notwendig an (vgl. ebd.). Zimmerer beschreibt dies als den *„survival of the fittest"* (ebd.). Es ging also darum, der Gewinner zu sein und es wird zudem deutlich: Angst spielte eine zentrale Rolle. So wollte niemand als schwach gelten und sorgte deshalb für Macht, denn Macht galt als stark. Zudem wurde dem Expansionsgedanken mit dem darwinschen Gedanken des survival of the fittest ebenso eine evolutionäre Begründungsbasis verliehen, also im Sinne des zuvor dargestellten Leitgedankens (3) (vgl. dazu Kapitel 2.1.1. dieser Arbeit). Nicht zuletzt weist Zimmerer auf die Überlegenheit der europäischen Nationen hin. So sei der Glaube in Bezug auf die Kultivierung der „vermeintlich zurückgebliebenen und primitiven Bewohner:innen“ (ebd.: 6 gegendert N.B.) nur eine der positiven Rechtfertigungen des kolonialen Strebens (vgl. ebd.). Kurz gesagt: Es wurde nach Gründen und Rechtfertigungen gesucht, um die Kolonialbewegung positiv darzustellen. Der Gedanke des **Anderen* war mit der *Entdeckung* und vor allem der Darstellung der *Neuen Welt* bereits vorherrschend. Der vermeintliche Zivilisierungsprozess wurde nur als Erklärung genutzt, um das eigene Streben nach Macht zu legitimieren.

Anschließend an die bisher von Hall beschriebene Phase, sei die Etablierung gekommen. So sei nach der *Entdeckung* und der Eroberung nun die Festsetzung in der Region zu betrachten und das Ausbreiten von Strukturen (vgl. Hall 2016: 144). Hall beschreibt, dass sich der Kapitalismus nun als Weltmarkt ausgebreitet habe (vgl. ebd.). In Bezug auf die deutschen Kolonien erläutert Zimmerer, dass es teilweise katastrophale Konsequenzen für die ursprünglichen Bevölkerungen gegeben habe, da die Eroberung erst spät gestartet und das Deutsche Reich geglaubt habe, es müsse Versäumtes aufholen und den Kolonialismus effizient machen (vgl. Zimmerer 2012: 7). Auch hier war somit der *survival of the fittest*-Gedanke zentral, die Auswirkungen für die Bevölkerung hingegen wurden hintenangestellt. Zimmerer beschreibt zudem die Hierarchisierung der Deutschen versus der Afrikaner:innen: Deutsche seien dabei die Oberschicht gewesen – Afrikaner:innen die homogene **Schwarze* Arbeiter:innenschicht. Dabei seien *Vermischungen* von **Rassen* unterbunden worden und *Eingeborene* seien endgültig als „sämtliche Blutsangehörige eines Naturvolkes“ (ebd.: 8) definiert worden (vgl. ebd.: 7f.). Diese Blutsangehörigkeit sei selbst nach mehreren Generationen nicht erreichbar (vgl. ebd.: 8.). Hier findet sich der zweite Leitgedanke nach Geulen wieder: Die Kategorisierung in Deutsch versus Afrikaner:in war durch eine vermeintliche Blutsreinheit als unabänderlich gesetzt. Zimmerer resümiert, dass dieses biologische Abstammungsprinzip die Zivilisierung und Umerziehung von Afrikaner:innen beiseite gedrängt habe (vgl. ebd.: 8). An dieser Stelle sind auch die Menschenzoos zu verorten. Menschenzoos, als Ausstellungen von Menschen in Zoos, seien als Teil der Kolonialpropaganda anzusehen (vgl. Bernhardt/Tönsing 2023: 233 vgl. vertiefend zu den Menschenzoos Blanchard et al. 2012: 10–65). Die Ausgestellten seien aus den europäischen Kolonien rekrutiert worden und dann als exotisch Wilde in Szene gesetzt worden (vgl. Bernhardt/Tönsing 2023: 233). Demzufolge läge den Ausstellungen eine starke Inszenierung zugrunde, die die kolonial-rassistische Propaganda (Überlegenheit der **weißen* vs. Unterlegenheit der **Schwarzen)* initiieren, verstärken oder perpetuieren würde (vgl. ebd.). Menschenzoos haben also hierzulande den dichotomen Blick verfestigt und die Hierarchisierung von Menschen vorangetrieben.

Als vierte Phase beschreibt Hall den Höhepunkt der Kolonien, welcher bis ins 20. Jahrhundert andauerte und zum ersten Weltkrieg geführt habe (vgl. Hall 2016: 144). Die Kolonialkriege, die in Deutschland geführt wurden, lassen sich in der dritten und vierten Phase nach Hall situieren. Einerseits wurde durch die Kriege der Umgang mit der einheimischen Bevölkerung deutlich – weshalb sich dies zur dritten Phase nach Hall zuordnen lässt. Andererseits war dies auch der dramatische Höhepunkt der deutschen Kolonie und zeigt, wie grausam und hart die Umgangsweise war. Hall beschreibt zudem in Bezug auf die fünf Phasen, dass keine sauberen Trennungen zwischen diesen Phasen möglich seien und diese sich oft überschritten (vgl. ebd.).

Zimmerer beschreibt zunächst, dass seit der Gründung der Kolonien immer wieder koloniale Kriege ausgefochten wurden (vgl. Zimmerer 2014: 31). Der Grund hierfür sei die mühsame militärische Eroberung auf Grund des lokalen Widerstands der Schutzgebiete (vgl. ebd.). Dieser antikoloniale Widerstand, so Zimmerer, habe nach der Jahrhundertwende seinen Höhepunkt erreicht (vgl. ebd.). So seien die Kriege gegen die Herero und Nama (1904–1908) in Namibia und der Maji-Maji-Krieg in (Deutsch-Ostafrika) die beiden langwierigsten und grausamsten (vgl. ebd.). Zimmerer spricht von einer Kriegsführung, die durch Brutalität und Rücksichtslosigkeit gekennzeichnet war (vgl. ebd.: 32). Hierbei seien bis zu 400.000 Menschen ums Leben gekommen (vgl. ebd.).

2.1.3 Festschreibung des kolonialen Blicks

Als fünfte Hauptphase des Expansionsprozesses beschreibt Hall die Gegenwart, in der ein Großteil der Welt wirtschaftlich vom Westen abhängig sei, obwohl er formal unabhängig und entkolonialisiert sei (vgl. Hall 2016: 144).

Schaper beschreibt, dass im Rahmen postkolonialer Ansätze auf die fundamentale und anhaltende Bedeutung des Kolonialismus für alle Bevölkerungsgruppen aufmerksam gemacht würde (vgl. Schaper 2019: 11). So sei unter Kolonialgeschichte nicht die einseitige Geschichte Europas zu verstehen, sondern insbesondere die Geschichte der Kolonialmächte. Weiter betont Schaper, dass postkoloniale Ansätze davon ausgehen würden, dass wesentliche koloniale Machtbeziehungen, Kategorien, Diskurse und Vorstellungen nicht an die Zeiten formaler Kolonialherrschaft gebunden seien (vgl. ebd.: 12). Stattdessen seien die Spuren und Nachwirkungen bis in die Gegenwart zu verfolgen (vgl. ebd.). Dies umfasse auch die Auseinandersetzung mit den Fragen nach deutscher Schuld und Wiedergutmachung, insbesondere hinsichtlich des Krieges gegen die Herero und Nama (vgl. ebd.). Darüber hinaus beschreibt Schaper, dass postkoloniale Ansätze sich mit der kulturellen Manifestation von Stereotypen und Narrativen kolonialer Herrschaft befasse (vgl. ebd.: 13). Dabei stehe der Vorgang des *othering* im Fokus (vgl. ebd.). Darunter sei eine oft abwertende, aber auch romantisierende Konstruktion der Kolonien zu verstehen. Die Bevölkerung werde dabei als das **Andere* angesehen. Dies hatte, so Schaper, eine konstitutive Bedeutung für die koloniale Identitätsbildung (vgl. ebd.). Dieses *othering* hat also dazu geführt, dass eine Dichotomie entstanden ist, die „den Westen und den Rest“ (vgl. Hall 2016: 178) hierarchisiert hat. Der Westen hat für eine lange Zeit große Teile der Welt dominiert und kann auch heute noch als Hegemonialmacht verstanden werden, da dieses Machtgefälle auch heute noch vorliegt (vgl. dazu Zichy 2022). Dies ist die Konsequenz der damaligen Expansionsprozesse. Hall beschreibt, die Formierung des Westens sei kein Prozess innerhalb der verschiedenen westlichen Gesellschaften gewesen, sondern ein globaler Prozess (vgl. Hall 2016: 178). Hall bringt es auf den Punkt, wenn er sagt: „The original ‚Africa‘ is not longer there. It too has been transformed. History is, in that sense, irreversible.“ (Hall 1990: 231). Die deutlichen Worte beschreiben die Auswirkungen des Expansionsprozesses, die bis heute das weltweite Leben beeinflussen und nicht rückgängig zu machen sind.

Hall spricht an anderer Stelle von dem Begriff der Diskurse (vgl. Hall 2016: 179). Ein Diskurs sei eine Art über etwas zu sprechen oder etwas zu repräsentieren. Dabei produziere er Wissen, welches Wahrnehmungen und Praktiken forme. Aus diesem Grund habe er sowohl Auswirkungen auf diejenigen, die ihn bedienen würden, als auch auf die, die ihm unterworfen seien (vgl. ebd.). In Bezug auf die Expansion: Die Art wie über den Kontinent Afrika gesprochen wurde und wird und insbesondere die Art des Sprechens über die Menschen hat ein Wissen produziert, welches die Europäer:innen als Norm gesetzt haben und die afrikanische Bevölkerung als das **Andere* deklassiert. Dies hat dazu geführt, dass sich Wahrnehmungen und Haltungen perpetuiert haben und diese Dichotomie in *Norm* vs. das **Andere* nach wie vor besteht. Dies hat sowohl Auswirkungen auf die Europäer:innen als auch auf die Bevölkerung in Afrika.

2.2 Begrifflichkeiten

**Schwarz:* Bei dem Begriff **Schwarz* handelt es sich um eine Selbstbezeichnung, die in Abgrenzung zu dem Farbadjektiv schwarz und in jedem Kontext großgeschrieben werde (vgl. Rösch 2019: 15). Es ist also keine biologische Kategorie (wie etwa die Hautfarbe) gemeint, sondern die sozial konstruierte Identität und Lebenserfahrung. **Schwarz* sei eine selbst-bewusste-politische Bezeichnung, keine Zuschreibung und verdeutliche erlebte Rassismuserfahrung (vgl. ebd.). Es geht also darum, dass die benachteiligte Gruppe selbst die Zuschreibung gewählt hat und diese nicht von außen kommt. Im Rahmen meiner Arbeit werde ich **Schwarz* kursiv und mit * schreiben, um den Konstruktcharakter zu verdeutlichen.

People of Color/Person of Colour (PoC): Bei dem Begriff PoC handelt es sich, wie Rösch ausführt, um eine Selbstzuschreibung, die insbesondere in englischsprachigen Ländern eine gängige Selbstbezeichnung ist (vgl. Rösch 2019: 15). Sie wird von Menschen genutzt, die ungleich erlebte Erfahrungen teilen würden und aufgrund körperlicher oder kultureller Fremdzuschreibungen der **weißen* Dominanzgesellschaft als **anders* definiert werden (vgl. ebd.). Dies stehe im Gegensatz zu der von **weißen* Menschen gewählten Bezeichnung „farbig“; „Farbige:r“. PoC seien in erster Linie Menschen (people). Demnach drücke PoC eine Identität mit Rassismuserfahrung aus (vgl. ebd.).

In meiner Arbeit verwende ich insbesondere die Begrifflichkeiten **Schwarz* und **weiß*, um so die Dichotomie zwischen Norm vs. dem **Anderen* hervorzuheben. Außerdem geht es bei dem Begriff **Schwarz* ja explizit nicht um die Hautfarbe, insofern hat er eine allumfassende Wirkung die benachteiligte Gruppe, die von Rassismus betroffen ist, darzustellen.

**weiß: *weiß* wird Rösch zufolge kleingeschrieben und sei ebenfalls ein soziales Konstrukt (vgl. Rösch 2019: 15). Es geht also auch bei diesem Begriff nicht um die Farbe oder um biologische Merkmale. Um den Konstruktcharakter zu verdeutlichen, schreibe ich auch **weiß* in meiner Arbeit kursiv und mit *. Das soziale Konstrukt beinhalte keine Rassismuserfahrungen oder den Widerstand dagegen, stattdessen sei es verbunden mit Machterfahrungen und Privilegien (vgl. ebd.). Im Nachfolgenden Kapitel werde ich **Weißsein* und die kritische Weißseinsforschung genauer beleuchten.

2.3 *Weißsein* und die kritische Weißseinsforschung

Die Welt ist rund und es gibt kein oben oder unten. Völlig Selbstverständliches scheint jedoch bildhaft für die Hierarchisierung zu sein: Die doppelte Verebnung der Welt zu einer Karte kann laut Thuram nicht objektiv sein – sie betone manches, hebe manches hervor und setzte anderes herab (vgl. Thuram 2022: 21). Betrachtet man eine Weltkarte, ist der Westen bzw. Europa zentral in der Mitte abgebildet. Diese eurozentrische Perspektive ist für viele Menschen völlig selbstverständlich, normal und richtig. Die Weltkugel wird hierarchisiert und diese Hierarchisierung nicht hinterfragt. Dass also so etwas, das auf den ersten Blick rein geografisch scheint, wie beispielsweise die Vermessung der Welt, auch schon politische Implikationen birgt und den Eurozentrismus reproduziert, deutet darauf hin, wie tief verwoben diese **weiß* dominierte Sichtweise auf die Welt ist. Das Vermessen der Welt von Landkarten war somit auch ein Akt durch **weiße* Menschen. Schlägt man einen Atlas auf oder betrachtet eine Karte, geht man von einem objektiven Bild aus, tatsächlich wird aber ausschließlich westliches und somit einseitiges und insbesondere gemachtes Wissen (re-)produziert.

Diese Hierarchisierung findet sich auch in der Geschichtsschreibung wieder. Exemplarisch möchte ich mich hier auf Christoph Kolumbus beziehen. In Schulbüchern wird gelehrt, dass Christoph Kolumbus am 12. Oktober 1492

Amerika entdeckt habe (vgl. ebd.: 35). Dass in diesem Zusammenhang von einer Entdeckung gesprochen wird, ist nicht nur ein einseitiger Blickwinkel, sondern entspricht nicht der Wahrheit. Thuram konkretisiert: Es werde unterschlagen, dass Amerika zu dieser Zeit bereits 15.000 Jahre besiedelt war oder dass die Europäer sofort die Rolle des Überlegenen eingenommen haben (vgl. ebd.). Dennoch wird Kolumbus hierzulande auch heute noch als Held gefeiert – die vermeintliche Überlegenheit manifestiert sich nach wie vor und die Geschichte wird nicht aufgearbeitet. Thuram pointiert: Die Überlieferung der Geschichte stelle die **Weißen* ins Zentrum der Welt. Historische Ereignisse würden hierbei aus einer einseitigen Perspektive dargestellt und schenke gewissen Aspekten zu wenig Beachtung, lasse manches außer Acht und setzte das weiße Denken als weltweit geltende Norm (vgl. ebd.: 22).

Im Folgenden werde ich nun die kritische Weißseinsforschung/critical whiteness studies beleuchten: Tißberger führt an, dass die critical whiteness studies erst Anfang des 21. Jahrhunderts zum Thema im deutschsprachigen Raum wurden (vgl. ebd.). Sie spricht an dieser Stelle davon, dass sich der Finger, der zuvor auf die ‚Objekte' zeigte, nun auf die ‚Subjekte'[2] richtete (vgl. ebd.). Das sei als ein Paradigmenwechsel in der Rassismusforschung zu betrachten. So sei nun das Augenmerk auf diejenigen gerichtet, die den Rassismus perpetuieren (vgl. Tißberger 2017: 88). Die critical whiteness studies haben also erstmalig gezeigt, dass es nicht um die **Anderen* geht, sondern dass es um die geht, die Rassismus verbreitet haben. **Schwarzsein* gibt es demnach nur, weil es **Weißsein* gibt. Im Folgenden soll beleuchtet werden, was genau unter critical whiteness studies zu verstehen ist.

Zentral ist der von Tißberger beschriebene Paradigmenwechsel – Kißling beschreibt, dass es bei der Erfassung des Rassismus um Analyseinstrumente gehe (vgl. Kißling 2020: 53). Nicht nur die Figur des **Anderen* müsse markiert werden, sondern auch der Ort, an dem diese **Andersartigkeit* definiert würde (vgl. ebd.). Die critical whiteness studies würden den Begriff white-

2 Unter Subjektivierung sei die soziale Konstitution von Identität durch soziale Macht zu verstehen (vgl. Schubert/Schwiertz 2021: 579).

ness[3] verwenden (vgl. ebd.). Die Begriffe **Weißsein* und *whiteness* stünden dabei für die privilegierte, hegemoniale Positionsbestimmung (vgl. ebd.). Während zuvor in der Rassismusforschung also davon ausgegangen wurde, dass es die unterprivilegierten *Schwarzen* gibt, wird durch die critical whiteness studies der Fokus darauf gelegt, wie **Weißsein* dazu führt, dass **anderen* ihre Privilegien genommen werden. Der Paradigmenwechsel besteht darin, dass nicht die benachteiligte Gruppe in den Fokus gerückt wird, sondern der Blick auf die Kategorie **weiß* gerichtet wird.

Walgenbach bezeichnet den von Tißberger beschriebenen Paradigmenwechsel als Potenzial der *critical whiteness studies*, da er die Norm in das Zentrum der Analyse stelle (vgl. Walgenbach 2020: 377). Nicht die Konstruktion stünde im Fokus der Untersuchung, sondern die kritische Dekonstruktion der Norm (vgl. Walgenbach 2006: 1706). Es hängt also alles mit dem **Weißsein* zusammen und wird aus dieser Perspektive betrachtet. Das **Weißsein* ist demnach als Ursache zu verstehen.

Die „Kritische Weißseinsforschung" (Arndt 2020: 343), so Arndt, identifiziert **Weißsein* als ein Konstrukt des Rassismus, erfasst es als soziales Phänomen und lässt es als Analyseinstrument fungieren (vgl. ebd.). In Bezug auf Wollrad hält Arndt fest, dass diese kritische Weißseinsforschung nicht der rassistischen Logik folge, derzufolge es natürlich begründete **Rassen* gebe. Der **Rasse*gedanke würde somit zurückgewiesen, da er durch das **Weißsein* überhaupt erst konstruiert werde. Entsprechend könne aber auch die Konstruiertheit des **Rasse*gedankens nur sichtbar gemacht werden, wenn zuvor das **Weißsein* sichtbar gemacht würde (vgl. ebd.). Sie pointiert: **Weißsein* beschreibe keine Hautfarbe und sei daher kein biologischer oder somatisierender Begriff – stattdessen dekonstruiere **Weißsein* die ideologische Konstruktion von Hautfarben und die Existenz von **Rassen* (vgl. ebd.). Innerhalb

3 In Anlehnung an David Stowe kam es zu der Forschungsrichtung der Critical Whiteness Studies, die aus Amerika stammt (vgl. Arndt 2020: 345). Diese US-amerikanische Theoriebildung habe auch in anderen Teilen Europas, vor allem in ehemaligen Kolonialgesellschaften, an Aufmerksamkeit gewonnen (vgl. ebd.). In Deutschland sei es auch zu einer Auseinandersetzung mit **Weißsein* gekommen (vgl. ebd.). Hierbei wird critical whiteness studies häufig mit Kritische Weißseinsforschung übersetzt (vgl. ebd.: 343). Für meine Arbeit verwende ich die Begrifflichkeiten **Weißsein* und Kritische Weißseinsforschung – beziehe ich mich aber auf andere Autor*innen, übernehme ich deren Begriffe.

dieses Dekonstruktionsprozesses sei **Weißsein* als Symbol zu verorten, das an „Gewordensein" (ebd.) gebunden und über den Begriff der „Position" (ebd.) zu erfassen sei (vgl. ebd.). Diese Positionszuschreibung, so Sow, reguliere die Zugehörigkeit zwischen oben und unten (vgl. Sow 2015: 190). Arndt resümiert, **Weißsein* sei als eine Konstruktion des Rassismus zu lesen, die kollektive Wahrnehmungs-, Wissens- und Handlungsmuster konstruiert habe (vgl. Arndt 2020: 343). Die kritische Weißseinsforschung hebt Arndt zufolge also hervor, dass das **Weißsein* erst durch den Rassismus hervorgebracht wird und demnach ein soziales Phänomen darstellt. **Weißsein* sei somit eine historisch und kulturell geprägte symbolische und soziale Position, die mit Macht und Privilegien einhergehe und sich deshalb auch unabhängig von Selbstwahrnehmung und jenseits offizieller Institutionen individuell wie kollektiv manifestiere (vgl. ebd.). Mit Kißling gesprochen: Die Begriffe **Weißsein* und *whiteness* stehen für die privilegierte, hegemoniale Positionsbestimmung (vgl. Kißling 2020: 53).

In Bezug auf die Macht, die mit *Weißsein einhergeht, werde ich nun das Konzept der rassifizierten Machtdifferenz darstellen und mich auf Eggers beziehen. Rassifizierung beziehe sich auf die Wissensebene des Rassismus und beschreibe sowohl einen Prozess, in dem rassistisches Wissen erzeugt werde, als auch die Struktur des rassistischen Wissens (vgl. Eggers 2020: 56). Eggers führt an, dass das Konzept der rassifizierten Machtdifferenz in Auseinandersetzung mit der Konstruktion von Differenz eine Verschiebung erwirken solle (vgl. ebd.). Sie geht also davon aus, dass eine Auseinandersetzung mit der Differenz und insbesondere mit den Ungleichheiten innerhalb der Machtverteilung dazu führen kann, dass sich die Differenz verschiebt, das heißt neu ausrichtet. Diese Verschiebung solle weg von einer kulturalistischen Deutung der Differenz, hin zu einer machtkritischen Analyse von Differenzkategorien (vgl. ebd.). Eggers plädiert also dafür, dass das differenziale Denken weg von der kulturalistischen Differenz – also einer Kategorisierung aufgrund der Kultur – hin zu einer kritischen Auseinandersetzung mit der Machtverteilung innerhalb einer Gesellschaft gelenkt wird. Im Rahmen dieser Analyse solle verdeutlicht werden, wie die Konstruktion von **Weißsein* die komplementäre hierarchische Positionierung von der Konstruktion des rassistisch **Anderen* als unmarkiertes, normatives Zentrum hervorgebracht werde (vgl. ebd.). Die

Machtdifferenz und die Auseinandersetzung mit der ungleichen Machtverteilung würden also dazu führen, dass die Konstruktion von **Weißsein* eine Kategorie des **Anderen* hervorgebracht hat und nicht, dass diese Dichotomie naturgegeben war. Stattdessen ist Eggers zufolge die Kategorie **Weißsein* nur in Kombination mit dem **Anderen* möglich, da sich die beiden wechselseitig ergänzen. Eggers beschreibt den Prozess der Rassifizierung als dreifach ausgerichtet: Als Konstruktionsprozess – Machtdifferenz verweise auf Verarbeitungsformen, Selbstpositionierungen und Verhandlungen von Differenz; als Vermittlungsprozess – Differenzkonstruktionen würden subtile Machtbotschaften enthalten, die auf der Wahrnehmung von in Differenzkategorien enthaltenen Machtbotschaften durch hegemoniale **weiße* und subalterne[4] rassistisch markierte Subjekte basieren würden; als Prägungsprozess – die Machtbotschaften würden auf diskursivem Wege verbreitet werden und alltäglich werden, somit würden sie zur Normalisierung der hierarchischen Ordnung beitragen und so zu einer vermeintlichen Natürlichkeit führen – sie würden normativ werden (vgl. Eggers 2020: 56). Mit anderen Worten: Der von Eggers beschriebene Prozess der Rassifizierung wirkt dreifach ausgerichtet, dabei sind die Prozesse (Konstruktion, Vermittlung und Prägung) einerseits als Abfolge zu verstehen und andererseits als negative Spiralstruktur, da die Prozesse sich immer wieder gegenseitig beeinflussen. Wenn nämlich

1. der Konstruktionsprozess stattfindet, der dafür sorgt, dass eine Machtdifferenz entsteht, z. B. durch Verarbeitungsformen und Selbstpositionierungen und dann
2. der Vermittlungsprozess stattfindet, der durch subtile Machtbotschaften stattfindet und außerdem
3. die Prägung erfolgt und die im 1. und 2. Prozess stattgefundenen Positionierungen und Botschaften sich festsetzten und so alltäglich, natürlich und normativ werden,

4 Unter Subaltern ist im Sinne Spivaks die marginalisierte Gruppe zu verstehen, die durch das **weiß* dominierte Machtsystem keine Stimme hat. Spivak lenkt dabei die Perspektive auf genau diese marginalisierte Gruppe und beschäftigt sich damit, diese Stimmlosigkeit zu überwinden (vgl. dazu Spivak 2008).

dann führt das wiederum dazu, dass die Norm erneut konstruiert, dann vermittelt und dann geprägt wird (beispielsweise von der Gesellschaft). Es entsteht also eine Abwärtsspirale und es findet keine Hinterfragung mehr statt. Bezieht man die rassifizierte Machtdifferenz nach Eggers nun auf die zuvor dargestellten Stufen der Entwicklung der **Rassen* und auf die Stufen des Expansionsprozesses, so ist der Konstruktionsprozess die Entwicklung der **Rassen* und die Anfangsphase der Expansion (die Europäer:innen hatten gewisse Erwartungshaltungen an die *Neue Welt)*, dem Vermittlungsprozess lässt sich die Entdeckung der *Neuen Welt* zuordnen und der Diskurs, der im damaligen Europa über die *Neue Welt* geführt wurde. Dies hat dazu geführt, dass der Prägungsprozess eingesetzt hat und sich die Kolonialisierung etabliert und normalisiert hat (vgl. dazu Kapitel 2.1.2 und Hall 2016: 144). Nach dem Prägungsprozess hat ein erneuter Konstruktionsprozess stattgefunden, der die Machtdifferenz weiterhin legitimierte und zu einem Vermittlungsprozess geführt hat, der diese Selbstpositionierung (und höhere Hierarchisierung) verbreitet hat und dann zu einem erneuten Prägungsprozess geführt hat, der die Machtdifferenz immer weiter normalisiert und naturalisiert hat. Diese Spiralstruktur führt bis in die Gegenwart, in der nach wie vor ein Machtgefälle vorliegt, welches auf einem tiefgehenden und über Jahrhunderte ausgereiften Rassifizierungsprozess basiert.

Demzufolge ist bis heute zu untersuchen, inwiefern Akteur:innen oder Strukturen eine Perpetuierung von Machtstrukturen vornehmen und wie diese Machtstrukturen auch hinterfragt und ggf. subvertiert werden können.

2.4 Rassismustheorien

Wie bereits erwähnt, liegt keine einheitliche Definition des Rassismusbegriffs vor. Auch Sinanoğlu und Polat verweisen auf die Unklarheiten, welche die alltägliche Rassismusdefinition aufweise (vgl. Sinanoğlu/Polat 2023: 11). Zudem gebe es auch in der nationalen und internationalen Forschung deutliche Unterschiede in der wissenschaftlichen Bestimmung (vgl. ebd.). Sinanoğlu und Polat plädieren daher für eine disziplinäre Auseinandersetzung und Reflexion, sodass ein verengtes bis inadäquates Alltagsverständnis überwunden werden könne. So könne dafür gesorgt werden, dass die Lebensrealitäten vulnerabler und rassifizierter Menschen als auch die strukturellen Dimensionen rassistischer Realitäten beachtet würden (vgl. ebd.). Die beiden gehen davon aus, dass rassifizierende Marginalisierungen nur dann überwunden werden können, wenn eine adäquate Begriffsdefinition geschaffen werden würde. Hierfür müssten Unklarheiten geklärt werden und es müsste eine disziplinäre Auseinandersetzung und Reflexion stattfinden.

Bellu, Bellu und Tsanios appellieren für einen Blick auf die internationalen Perspektiven der Rassismusforschung. So gebe es in der US-amerikanischen und englischsprachigen Forschungslandschaft die einflussreichen Ansätze der „racial formation theory“ (Bellu/Bellu/Tsianos 2023: 57) und „systematic racism theorie“ (ebd.). Welche im internationalen Kontext weit verbreitet seien, in der deutschsprachigen Rassismusforschung jedoch nur marginal Eingang gefunden haben (vgl. ebd.). Beide Ansätze werde ich im Folgenden skizzieren:

2.4.1 systemic racism theory

Der systemic racism theory liegt ein strukturalistisches Gesellschaftsmodell zugrunde und sie analysiere Rassismus als ein historisch entstandenes, gesellschaftliches System, das durch **Schwarze* Diskriminierung und **weiße* Privilegien binär strukturiert sei (vgl. ebd.: 58). Dabei nehme sie sowohl die historische Entstehung als auch die gesellschaftlichen Reproduktionsmechanismen rassistischer Unterdrückung und Ausbeutung in den Blick (vgl. ebd.: 62). Das Modell ist also strukturalistisch orientiert und bezieht sich nicht auf individuelle Handlungen, sondern auf die Struktur einer Gesellschaft. Bei der Betrachtung der systemic racism theory fällt auf, dass diese eine große Ähnlichkeit zur kritischen Weißseinsforschung aufweist: Es geht um den Blick auf die historisch entstandene, strukturelle rassistische Unterdrückung, die durch die Machtdifferenz entstanden ist. Die Perspektive verschiebt sich von den Marginalisierten hin zu einer Betrachtung derer, die von der Machtstruktur profitieren. Das Besondere besteht darin, dass hier keine eurozentrische, sondern eine auf den amerikanischen Gesellschaftsraum ausgeweitete Betrachtung vorliegt. Aus dem in Amerika deutlich verhärteten gesellschaftlichen Fronten, lassen sich Gegensatzpaare deutlich plastischer herausarbeiten als in der deutschen Gesellschaft, womit sich hier Perspektiven der besseren Wahrnehmbarkeit abzeichnen. Rassismus wird innerhalb der systemic racism theory definiert als gesellschaftliche Struktur, die die Vorherschafft und die Privilegien der **weißen* sichere (vgl. ebd.). Demnach sei Rassismus nicht eine auf irrationalen Vorurteilen basierende Meinung einzelner Individuen, sondern eine rationale Gesellschaftsordnung, die aus konkreten, strategischen Entscheidungen einer **weißen* Elite resultiere (vgl. ebd.). Dieser Ansatz entwerfe ein Modell, welches sich explizit auf die strukturelle Definition von Rassismus beziehe (vgl. ebd.: 87). Struktureller Rassismus sei weder durch individuelle Praktiken noch durch Vorurteile bestimmt, sondern sei eine soziopolitische Ordnung, die aus der durch **race* geprägten, hierarchischen Positionierung innerhalb des gesellschaftlichen Machtgefüges resultiere und die auch die sozialen Beziehungen zwischen den unterschiedlich positionierten Gruppen strukturiere (vgl. ebd.). Rassismus habe in dieser Deutung die Funktion, diejenigen gesellschaftlichen Strukturen zu rationalisieren und zu legitimieren (vgl. ebd.).

Zusammengefasst: Die systemic racism theory geht, genauso wie die kritische Weißseinsforschung, davon aus, dass das Subjekt den Strukturen unterworfen ist und durch die gesellschaftliche Struktur konstruiert wird, sodass ihm auch eine spezielle Subjektposition zugewiesen wird. Diese gesellschaftliche Struktur ist durch ein Machtgefälle charakterisiert, sie kategorisiert basierend auf diesem Machtgefälle und bringt somit den Rassismus hervor. Demzufolge ist wie bereits beschrieben der Blick vor allem auf **Weißsein* gerichtet. Es geht darum, dass die **weißen* bewusst oder unbewusst; direkt oder indirekt durch rassistische Strukturen ihre Vorherrschaft sichern. Dabei ist nicht nur das Subjekt den Strukturen unterworfen, gleichzeitig ist der Blick auch auf die **weiße* Struktur und die Aufrechterhaltung dieser Struktur gerichtet.

Der Erkenntnisgewinn dieser Theorie liegt in der Einführung des white racial frame[5] (vgl. ebd.: 68). Dieser könne die Kontinuität rassistischer Aus-

5 Das Konzept der Frames sei in den kognitiven und neurologischen Wissenschaften entwickelt worden. Es beschreibe Wahrnehmungsstrukturen, die sowohl in die individuellen Verbindungen als auch im kollektiven Gedächtnis und in historischen Narrativen eingeschrieben sei. Damit überbrücke das Konzept den Gegensatz zwischen individuellen und kollektiven als auch zwischen materiell biologischen und diskursiven Phänomenen. Das Konzept zeige auf, wie Menschen alltägliche Situationen mit Sinn und Bedeutung versehen würden und somit auch soziopolitische Vorstellungen und Überzeugungen in Handlungsstrukturen übersetzen würden (vgl. Bellu/Bellu/Tsianos 2023: 69).

beutung und Unterdrückung als auch die Reproduktion der unterschiedlichen gesellschaftlichen Institutionen untersucht und erklärt werden (vgl. ebd.). Dieses Konzept erfülle somit eine deskriptive als auch eine analytische Doppelfunktion. Da es nämlich die Voraussetzungen für systematischen Rassismus beschreibe und zum anderen die zentralen Reproduktionsmechanismen erkläre (vgl. ebd.). Dieser frame ist also gewissermaßen eine Schnittstelle zwischen dem Blick auf die Struktur und auf die Reproduktionsmechanismen.

2.4.2 racial formation theory

Die racial formation theory sei ein akteur:innenzentrierter Ansatz, der auf die poststrukturalistische Theorie der Subjektkonstruierung zurückgreife, um gesellschaftliche Bedeutungskonstruktionen von **race* auf zwei Ebenen zu untersuchen (vgl. Bellu/Bellu/Tsianos 2023: 58). Die Betrachtung besteht also darin, dass auch Einzelne in die Struktur eingreifen können. Dass Bellu, Bellu und Tsianos hierbei von Konstruierung und nicht von Konstruktion sprechen, setzt den Prozesscharakter zentral. Demzufolge geht es um einen Vorgang und nicht um einen Zustand. **Race* sei einerseits im herkömmlichen, im Rahmen der weiteren Betrachtungen zu überwindenden Sinne als Differenzkategorie zu verstehen, in der **race* die Voraussetzung für Rassismus sei. Wenn die Kategorie **race* bemüht wird, dann liegt dementsprechend ein binäres Denken zugrunde: Wird ein Subjekt einer **race* zugeordnet, dann impliziert dies zugleich, dass es nicht einer anderen **race* zugeordnet wird. Diese binäre Unterscheidung dient im Sinne der Subjektkonstruierung entsprechend ausschließlich dazu, Unterschiede aufzumachen und zu kategorisieren und perpetuiert damit Machtverhältnisse. Im Kontext der racial formation theory wird die Kategorie allerdings umgewendet und so von einer diskriminierenden zu einer potenziell ermächtigenden Subjektivierungskategorie (vgl. ebd.: 60). Durch diese kritische Betrachtung der Differenzkategorie sei **race* andererseits als Subjektkategorie zu verstehen, die die Basis dafür bilde, rassistische Diskurse und Praktiken zu kritisieren und zu verändern (vgl. ebd.). Dabei untersuche sie die historisch sich verändernden Bedeutungskonstruktionen von **race* als Teil gesellschaftlicher, politischer und juristischer Aushandlungsprozesse (vgl. ebd.: 72). **Race* sei dabei als zentral soziale Kategorie konzipiert, deren Bedeutung Ausdruck gesellschaftlicher Konflikte sei (vgl. ebd.: 72). Demnach habe *race weder eine inhärente noch eine stabile Bedeutung, sondern müsse räumlich und zeitlich situiert untersucht werden (vgl. ebd.). Es wird also nicht die Struktur als solche betrachtet, sondern die Kategorie *race wird zum Teil von Aushandlungsprozessen. Was *race dabei ist, muss jeweils in einem historischen Kontext neu verhandelt werden. Es gehe nicht darum *race zu definieren, stattdessen untersuche die Kategorie ausgehend von ihren gesellschaftlichen Funktionsweisen, Effekte und Konsequenzen (vgl. ebd.).

Rassismus verstehe die racial formation theory als gesellschaftliches Verhältnis, welches von hegemonialen racial projects geprägt sei. Diese racial projects würden dann als rassistisch gelten, wenn sie Strukturen der Herrschaft und Unterdrückung hervorbringen und reproduzieren würden, welche auf Identitäten und Bedeutungen beruhen würden, die durch *race bestimmt seien (vgl. ebd.: 88). Die Strukturen seien dabei zu keinem Zeitpunkt konstant und stabil (vgl. ebd.). Rassismus sei kein in sich geschlossenes, kohärentes ideologisches Konzept, sondern werde durch konkrete Kräfteverhältnisse bestimmt. Somit werde den unterschiedlichen Akteur:innen eine aktive Rolle bei der Definition, der Veränderung und der Anfechtung rassistischer Strukturen beigemessen (vgl. ebd.). Rassismus werde damit relational und machtdifferenziell definiert (vgl. ebd.). Es geht also auf der einen Seite die Beziehungen einzelner Akteur:innen zueinander. Auf der anderen Seite geht es um den stetigen Aushandlungsprozess der Kategorie *race. Die Betrachtung des Rassismus ist gleichzeitig eine Betrachtung der Machtstrukturen, da diese nämlich den Rassismus erzeugen. Bellu, Bellu und Tsianos beschreiben, dass sich hieraus allerdings die umstrittene These ergeben würde, dass jede durch *race bestimmte Gruppe auch rassistisch agieren könne, sobald sie eine relative Machtposition gegenüber einer anderen durch *race bestimmten Gruppe besetzte (vgl. ebd.: 88). Wenn nämlich davon ausgegangen wird, dass Rassismus relational und machtdifferenziell zu denken ist, dann wird impliziert, dass es eben nicht nur die gesellschaftlichen Strukturen sind, die verantwortlich für Rassismus sind, sondern dass Rassismus eine Momentaufnahme ist, die sich mit Machtverschiebungen auch ändern kann. Demnach könnten alle Menschen rassistisch handeln, sofern sich die Machtkonzentration ändert. An dieser Stelle könnte aber auch die Schnittstelle der beiden Theorien zu verorten sein: Wenn nämlich in der racial formation theory davon ausgegangen wird, dass Rassismus als ein relatives Verhältnis zu verstehen ist und nicht nur durch die Struktur hervorgebracht wird, sondern durch die Akteur:innen, die dann erst die Struktur hervorbringen und in der systemic racism theory davon ausgegangen wird, dass die Struktur dafür sorgt, dass Rassismus entsteht. Dann sind zwar die Betrachtungsweisen der beiden Theorien unterschiedlich, die Problemstellen sind allerdings dieselben.

Aus einer strukturalistischen Perspektive greife die relationale Definition allerdings zu kurz. Rassistische Praktiken seien keine individuellen Handlungsoptionen, sondern würden aus strukturellen Verhältnissen resultieren (vgl. ebd.). So seien individuelle Handlungsoptionen zwar von Vorurteilen geprägt, allerdings sei Rassismus eine durch **race* bestimmte soziopolitische Ordnung (vgl. ebd.). Bellu, Bellu und Tasianos resümieren, dass die beiden Ansätze sich in den konzeptuellen Zugängen unterscheiden würden und in der Literatur als für unvereinbar diskutiert würden (vgl. ebd.: 89). Dennoch gebe es Konzepte, die sich überschneiden, wie beispielsweise die Untersuchungen von **Weißsein* (vgl. ebd.: 91). So könne je nach analytischem Fokus entweder die gesellschaftliche Funktionsweise oder ihren Einfluss auf die Konstruktion von Differenz untersucht werden (vgl. ebd.). Die Autor:innen folgern, dass beide Ansätze als komplementär zueinander zu verstehen seien (vgl. ebd.). Sie gehen also davon aus, dass durch die verschiedenen Zugänge der beiden Theorien auf ein (unterschiedlich definiertes) Phänomen, auch verschiedene Perspektiven einbezogen werden. Hierbei gibt es weder die eine wahre und richtige Perspektive noch eine Perspektive, die unwahr und falsch ist, stattdessen bieten beide Theorien Möglichkeiten, Rassismus zu erfassen – das verbindende Element ist hierbei das **Weißssein.*

Zwischenfazit I: Die *Norm* vs. das **Andere*

Alle vorgestellten Theorien und Herangehensweisen an Rassismus haben einen gemeinsamen Kern: Sie vereint, dass es immer eine Norm gibt und das davon abweichend gesetzte **Andere*. Walgenbach beschreibt, dass die Dichotomie Norm vs. **Anderes* in einem relationalen Verhältnis stünden (vgl. Walgenbach 2006: 1706). Wie ich in Kapitel 2.3 in Bezug auf die kritische Weißseinsforschung herausgearbeitet habe, bedingt die Kategorie **weiß* die Kategorie **Schwarz*. Einfacher formuliert: Würde es **Weißsein* nicht geben, so würde es auch keinen Rassismus in unserer Gesellschaft geben. Dieses Zwischenfazit ist für diese Arbeit zentral, da diese Dichotomie zwischen Norm vs. **Anderes* auch in der Literatur vorzufinden ist. Walgenbach beschreibt, dass insbesondere in Film- und Literaturwissenschaften herausgearbeitet wurde, dass whiteness das **Andere* brauche, um sich selbst zu definieren. Im didaktischen Teil meiner Arbeit werde ich das Potenzial dieser Dichotomie in Kinder- und Jugendmedien für Rassismussensibilität herausarbeiten. Zudem möchte ich den Bezug zu anderen Differenzkategorien kurz anteasern: Wird das Konzept der Norm vs. **Anderes* einmal durchstiegen, so lassen sich die Erkenntnisse (die sich in dieser Arbeit auf Rassismussensibilität eingrenzen) auch auf andere Differenzkategorien übertragen.

2.5 Das Trilemma des Anti-Rassismus

Im Rahmen dieses Kapitels werde ich das „Trilemma of Anti-Racism" nach Boger skizzieren, das sowohl für die rassismuskritische Analyse von Gegenständen als auch für antirassistische Lernsettings als maßgeblich erscheint. Boger beschäftigt sich zunächst mit der Frage, was der mögliche Beitrag der whiteness studies für eine Welt ohne Rassismus sei (vgl. Boger 2016: 79). Dabei fragt sie, wie über whitness gesprochen werden solle, ohne zurück in einen Essentialismus zu fallen und warum es hilfreich sei, noch mehr über **weiße* zu sprechen (vgl. ebd.). Sie hebt also das Dilemma hervor, demzufolge beim Sprechen über **Weißsein* zugleich eine Kategorie sichtbar gemacht wird, die mit Eigenschaften versehen wird – dies bringe zwar die Gefahr mit sich, dass diese Kategorie mit Wesensmerkmalen ausgestattet wird, die als natürlich und unveränderbar angesehen werden und somit zu einer Legitimationsgrundlage für Ausgrenzungspraktiken werden (vgl. zum Essentialismus Mega 2018: 45f.). Dennoch, so Boger, solle über **Weißsein* gesprochen werden – zentral ist dabei, wie bereits erwähnt, wie darüber gesprochen wird (vgl. Boger 2016: 79). Um die Zusammenhänge zwischen der Theorie und des Aktivismus zu verstehen, schlägt Boger die Theorie der „trilematic inclusion" (ebd.) vor. Hierbei würden die drei Hauptbegriffe der antirassistischen Theorie konzeptualisiert und es würde nach den Auswirkungen der Kombinationen gefragt werden (vgl. ebd.). Inklusion brauche (1) Empowerment, (2) Normalisierung und (3) Dekonstruktion (vgl. ebd.). Bernhardt und Tönsing skizzieren die Begriffe nach Boger. So sei unter Empowerment der Prozess zu verstehen, in dessen Rahmen Machtverhältnisse durchbrochen würden, sodass eine bisher entrechtete Gruppe die Fähigkeit zur Selbstbestimmung erhalte. Zentral sei hierbei, dass ein gesellschaftliches Bewusstsein geschaffen werde und so ein Solidaritätssinn erweckt würde (vgl. Bernhardt/Tönsing 2023: 237f.). Die subalterne Gruppe innerhalb einer Gesellschaft soll demnach mit Macht ausgestattet werden und das Machtgefälle soll auf diese Art und Weise ausgeglichen werden. Unter Normalisierung sei die Negierung der Differenz zu verstehen und somit auch die Darstellung der Individuen als das **Andere* (vgl. ebd.: 238). Wird eine subalterne Gruppe nicht mehr als Normabweichung angesehen, so verschwindet auch das Machtgefälle innerhalb einer Gesellschaft. Dekonstruktion sei eine

Denkhaltung, die als aufstörend zu verstehen sei und bestehende Naturalismen und vermeintliche Selbstverständlichkeiten hinterfrage (vgl. ebd.). Es geht also darum, das Machtgefälle zu dekonstruieren, indem die Beziehungen zueinander und die Hierarchisierung der Gruppen sichtbar gemacht werden und versteckte Automatismen identifiziert werden. So sollen sie nicht mehr als naturgegeben wahrgenommen werden.

Boger macht deutlich, dass alle drei Begriffe gleichermaßen gültig und wichtig seien und dass es keine Hierarchisierung zwischen ihnen geben würde (vgl. Boger 2016: 80). Idealiter würden alle drei Prozesse gleichermaßen vollzogen, was allerdings rein konzeptionell als nicht möglich erscheine. So gebe es zwischen den drei Phänomenen eine trilemmatische Situation (vgl. ebd.: 79–81). Bernhardt und Tönsing illustrieren das exemplarisch: Würde das Phänomen Empowerment in Kombination mit der Normalisierung fokussiert, so exponiere dieser Fokus die Betrachtung der zu empowernden Gruppe als das **Andere* und stehe somit einer Dekonstruktion bestehender Naturalismen entgegen (vgl. Bernhardt/Tönsing 2023: 238). Eine Kombination aus Dekonstruktion und Normalisierung würde zu einer „illusorischen Situation“ (ebd.) führen. Da nämlich die Problematik der Deklassierung künstlich unterbunden würde, würde das Grundproblem nicht gelöst und es könnte kein Empowerment stattfinden (vgl. ebd.). Würden die Dekonstruktion und Empowerment miteinander kombiniert, so geht es Boger zufolge nicht ausschließlich um die symbolische Ordnung, sondern um das Erzählen der *Schwarzen Perspektive (vgl. Boger 2016: 87). Diese Kombination sei zwar frei von Rassifizierungen, das Problem bestünde allerdings darin, dass eine Gegenkultur oder Subkultur geschaffen würde, die keine Normalisierung herbeiführe. Das Problem würde exponiert und damit zentral gesetzt, wodurch es wiederum heraussticht (vgl. ebd.).

Kurz gesagt: Die trilemmatische Situation besteht darin, dass immer nur ein oder zwei Phänomene gleichzeitig auftreten könnten (bzw. beachtet werden können) und infolgedessen mindestens ein Phänomen unbeachtet bleibt. Aus diesem Grund ist immer auszuloten, welches Phänomen fokussiert werden soll und zu beachten, dass dies dazu führen kann, dass ein Phänomen zumindest temporär ungeachtet bleibt. Antirassismus steht also immer latent in der Gefahr, seine eigenen Ziele zu verfehlen.

Die von mir vorgestellten Theorien rund um das Thema Rassismus und Macht werden im Folgenden auf kinderliterarische Medien übertragen. Zunächst werde ich hierfür die Medien analysieren, um aufbauend darauf didaktische Implikationen abzuleiten. Dabei werde ich zunächst die jeweilige materielle Besonderheit der Medien darstellen und danach diese allgemeinen Beobachtungen auf das Thema Rassismus anwenden.

3 Bilderbuchanalyse am Beispiel von „Wie ich Papa die Angst vor Fremden nahm"

Innerhalb dieses Kapitels gehe ich der Frage nach, wie der Text „Wie ich Papa die Angst vor Fremden nahm" von Rafik Schami mit Illustrationen von Ole Könnecke, mit Rassismus umgeht, welche Stereotypen vorliegen und welche Werte und Normen innerhalb des Textes ausgestaltet werden. Hierfür werde ich die Oberflächen- und Tiefenstruktur analysieren sowie die Bild- und die Textebene in den Blick nehmen. Hierfür ziehe ich Staigers Bilderbuchanalyse (vgl. Staiger 2014: 12–22) heran.

In Rafik Schamis „Wie ich Papa die Angst vor Fremden nahm" wird aus der Perspektive eines **weiß* gelesenen Mädchens dargestellt, wie dieses Mädchen in einem ersten Schritt den Alltagsrassismus seines Vaters wahrnimmt und ihn daraufhin reflektiert. Im Laufe der Handlung trifft das Mädchen auf eine **Schwarz* gelesene weibliche Figur und wird auf deren Geburtstag eingeladen. Diese Einladung nutzt sie, um ihren Vater, der Zaubertricks kann, mit ihrer Freundin bekannt zu machen. So will sie ihrem Vater seine Ängste nehmen.

3.1 Ausgangssituation

Zu Beginn der Handlung fällt auf, dass das Mädchen, das zugleich verbale Erzählinstanz ist, nicht versteht, warum ihr Vater die als „fremd" Bezeichneten überhaupt fürchtet. Erst im weiteren Verlauf wird deutlich, wer unter den „Fremden" zu verstehen ist – nämlich Menschen aus Afrika, die im Erzähltext als „Afrikaner" (Schami 2003: 5[6]) bezeichnet werden. Auf Textebene wird die Sicht des Mädchens ausgestaltet und auch die Bildebene gestaltet zunächst die Sicht des Mädchens aus, dabei sind die Machtachsen klar – der Vater erscheint

6 Eigene Paginierung.

als grundsätzlich überlegen und wissend. So wird der Vater als körperlich überlegen gezeichnet, indem er größer ist, die schweren Einkäufe tragen kann und Dinge von der hohen Garderobe herunterholt (vgl. ebd.: 2). Auf Textebene wird er beispielsweise als „klug“ „geduldig“ und „mutig“ beschrieben (vgl. ebd.: 2–4). Dass die Beschreibungen des Mädchens teilweise idealisiert sind und sich darüber hinaus als übertrieben und sogar unwahr darstellen, zeigt sich durch die Beschreibung des Verhaltens des Vaters: „Seit Mama nicht mehr da ist, tut er alles für mich.“ (ebd.: 3) Im weiteren Verlauf der Handlung stellt sich jedoch heraus, dass genau das Gegenteil der Fall ist. Der Bildebene ist zu entnehmen, dass das Mädchen den Haushalt erledigt und beispielsweise saugt oder kocht (ebd.: 10f.). Auf der Textebene steht sogar, dass sie ihm mehrere Wünsche erfüllt habe (vgl. ebd.).

Die Grundkonstellation besteht also in einer **weißen*, kindlichen Perspektive eines **weißen* Mädchens, welches durch einen **weißen* Mann, den Vater des Mädchens, mit gesellschaftlichen Stereotypen und verfestigten Betrachtungsweisen auf Fremde konfrontiert wird. Der Generationenunterschied stellt sich dadurch dar, dass das Mädchen, welches den Vater durchaus idealisiert, dennoch die Stereotypen hinterfragt. Somit wird impliziert, dass die nachfolgende Generation die Macht und die Möglichkeit hat, den Bann zu brechen und die Stereotypen und Rassismen zu hinterfragen.

Das Bild des Vaters, das von dem Mädchen konstruiert wird, und die damit einhergehende Macht und höhere Hierarchisierung des Vaters werden allmählich dekonstruiert. So entsteht durch das Zusammenspiel der Bild- und Textebene Widersprüchlichkeit: Auf Textebene wird beispielsweise beschrieben, dass der Vater schon immer mutig gewesen sei, auf Bildebene ist der Vater in entspannter Körperhaltung auf einem Zahnarztstuhl abgebildet. Die Übertreibung und teilweise Ironisierung der Erzählinstanz werden bildlich ausgestaltet.

Die Widersprüchlichkeit spitzt sich im indirekten Kontakt mit **Schwarzen* Figuren noch weiter zu. Der mit Macht ausgestattete Vater konstruiert in Figurenrede verschiedene Stereotype, welche im intermodalen Zusammenspiel jedoch direkt gebrochen werden: Der Vater behauptet, es seien „so viele“ (ebd.: 6), es sind aber zwei **weiße* Figuren und nur eine **Schwarze* Figur zu sehen – da die **Schwarze* Figur zudem ein Kind ist, das Vater und Tochter den Rücken zuwendet, wird die Machtachse auf Bildebene sehr deutlich. Der Vater beschreibt sie als „schmutzig“ (ebd.: 6), im Hintergrund, auf der Bildebene, erscheint ein kehrender *Schwarzer* Mann. Durch das intermodale Zusammenspiel der Textebene (Figurenrede des Vaters) und der Bildebene (das Kind fungiert als Fokalisierungsfigur) entsteht Widersprüchlichkeit. Im intermodalen Zusammenspiel lässt sich ableiten, dass die auf Textebene in Figurenrede ausgestaltete Wahrnehmung der Vaterfigur nicht kongruent mit der piktoralen Welt ist. Die Vaterfigur nimmt die Dinge also nicht so wahr wie sie auf Bildebene sind, sondern so, wie er sie erwartet. Seine Wahrnehmung ist geleitet von Routinen und verstellt damit den Blick auf die einzelnen Situationen. Die Wahrnehmungsroutinen werden diegetisch als verfehlt markiert. Indem die Textebene und die Bildebene in einem widersprüchlichen Verhältnis stehen, entsteht hier eine diegetische Störung, die die handelnden Figuren allerdings nicht wahrnehmen. Eine Thematisierung dieses Auseinanderfallens findet nicht statt, weder der Vater noch die Tochter reflektieren dieses Auseinanderfallen. Aus diesem Grund erfolgt auch an dieser Stelle kein Repairprozess. Allerdings stellt diese Szene sehr wohl auf einer übergeordneten Ebene eine Infragestellung vorurteilsbedingter Marginalisierungen und Zuschreibungen von Figurengruppen dar, womit eine Dekonstruktion derartiger alltagsrassistischer Kategorisierungen erfolgt.

Im Rahmen einer metadiegetischen Erzählung wird die Vaterfigur zwei weitere Male beschrieben und erneut idealisiert. Der Unterschied besteht allerdings darin, dass die Idealisierung des Mädchens zumindest am Anfang innerdiegetisch nicht als solche markiert wird. Die weiteren Erzählungen werden nun schon auf Textebene als übertrieben angekündigt (vgl. ebd.: 14 und 16). Dabei erzählt Bania, die Freundin des Kindes, gegenüber ihrer Mutter von dem Vater des Mädchens. Die Erzählung erfolgt allerdings erneut durch die Ich-Erzählerin, die darüber im Konjunktiv berichtet. Der Vater wird als „unglaublich stark“, „berühmt für seine Klugheit“ (ebd.: 14) und „mutig“ (ebd.: 15) beschrieben. Die Bildebene und die Textebene reichern sich wechselseitig an und es liegt keine Widersprüchlichkeit zwischen den Ebenen vor. Dass es sich dennoch um Übertreibungen handelt, wird einerseits durch die Ankündigung deutlich, andererseits widersprechen sowohl die Text- als auch die Bildebene der vorausgegangen Handlungslogik. Demnach liegt hier eine ironisierende Übertreibungserzählung vor. Diese Übertreibungserzählung spitzt sich noch weiter zu, wenn nämlich Banias Mutter in Figurenrede Banias Vater von dem Vater des **weiß* gelesenen Mädchens erzählt. So wird dieser als „[…] groß wie eine Palme […]" (ebd.: 16), „… so klug, dass Könige und Präsidenten ihn um Rat bitten …" und „[…] so lustig, dass sogar Geister und Engel umfallen, wenn er einen Witz erzählt." (ebd.: 17) beschrieben. Bei der Reaktion von Banias Vater fällt auf, dass dieser die Darstellungen unhinterfragt glaubt und beschließt, dass der **weiß* gelesene Vater gebührend gefeiert werden müsse, wenn er zum Zaubern auf Banias Geburtstag komme (vgl. ebd.: 19). Die Elterngeneration scheint also schon so sehr in die gesellschaftlichen Kategorisierungen eingebunden zu sein, dass sie Machtachsen nicht hinterfragt und sogar Stereotypen reproduziert werden.

Aus diesen Darstellungsweisen bieten sich folgende Applikationen an: Die Sicht des Mädchens wird erneut als absolut gesetzt. Während nämlich ihre Beschreibungen insbesondere zu Beginn der Handlung als wahr gesetzt werden und nur allmählich und auch nur in Ansätzen dekonstruiert werden, werden Beschreibungen von **Schwarzen* Figuren schon auf Textebene als übertrieben gesetzt. Die Erzählungen von Bania werden auch auf Bildebene als übertrieben dargestellt, die ihrer Mutter als völlig maßlos und unwahr. Somit liegt innerhalb der Diegese neben der Kategorisierung in **weiß* vs. **Schwarz* zusätzlich eine Kategorisierung in jung vs. alt vor. Die Kindergeneration ist demnach noch nicht so stark eingebunden in die gesellschaftlichen Stereotypen und hat die Macht diese zu hinterfragen und neu auszuloten. Allerdings sind auch die Kinder schon so weit eingebunden, dass dennoch eine Kategorisierung in **Schwarz* vs. **weiß* vorliegt.

3.2 Umgang mit den Stereotypen

Dass die Tochter zumindest in Teilen nicht mit der Meinung ihres Vaters und mit dessen Stereotypen übereinstimmt, wird wie beschrieben erstmalig auf der Bildebene deutlich (vgl. ebd.: 7). Doch auch die Textebene verdeutlicht, dass die Tochter sich von der Meinung ihres Vaters abgrenzt. Es wird beschrieben, dass es ihr Papa ihr so erklärt habe und dass sie nichts dazu gesagt habe (vgl. ebd.). Im intermodalen Zusammenspiel wird die Abgrenzung noch deutlicher:

So schaut sie auf ihn herab, während er mit verschränkten Armen und finsterer Miene davonläuft (vgl. ebd.).

Insgesamt lassen sich zwei oppositionelle topografische Räume ausmachen. Diese Räume werden semantisiert und lassen sich dadurch in semantische Räume aufgliedern: Das Zuhause und die Schule. Zuhause ist das Kind von seinem Vater abhängig, hinterfragt ihn nicht und die beiden Figuren bilden eine Einheit, welche schon auf Bildebene deutlich wird, da die beiden Figuren immer gemeinsam erscheinen. Die Szene an den Einkaufsgeschäften stellt die Umbruchszene dar. Der sichere, harmonische Raum des Zuhauses wird verlassen, die Figuren sind gemeinsam unterwegs, der Vater führt das Kind in seine gesellschaftlichen Vorstellungen ein und das Kind grenzt sich allmählich von dem Vater ab. In der Schule hingegen tritt das Mädchen in den Kontakt mit einer **Schwarzen* Figur und bezeichnet diese sogar als beste Freundin. Dabei werden der Figur sofort Attribute zugeordnet. Sie heißt Bania, dabei ist sie die einzige Figur, die innerhalb der Handlung einen Namen hat und kommt aus Tansania (vgl. ebd.: 8). Dass Bania als einzige Figur einen Namen hat, individualisiert sie zwar, exponiert sie aber als **anders*. Daraufhin verändert sich auch der semantische Raum des Zuhauses: Das Kind erlangt mehr Macht, indem es beispielsweise nun allein einkaufen geht, selbst den Haushalt macht und sogar für den Vater kocht (vgl. ebd.: 10f.). Während also zuvor der Vater die Aufgaben erledigt hat und das Kind umsorgt hat, verändern sich nun die Rollen. Obwohl der Eindruck entsteht, dass das Kind sich unterwirft und der Vater nach wie vor als hierarchisch überlegen erscheint. Dies zeigt sich auch im intermodalen Zusammenspiel, so erscheint der Vater auf Bildebene immer weiter oben und das Kind weiter unten (vgl. ebd.: 10 und 11), dennoch findet hier ein Umbruch statt. Das Kind verfolgt den Plan, dass ihr Vater für Bania zaubert und die Figuren sich so kennenlernen, diesen setzt sie mit Kalkül um, indem sie ihren Vater umgarnt. Weder Bania noch ihren Vater setzt sie ins Bild. Das Mädchen wird somit mit Macht ausgestattet, da es als einzige Figur das Wissen und vor allem die Entscheidungsgewalt hat. Es widersetzt sich den Normen des Vaters und durchbricht die elterliche Front (vgl. zu derartigen Phänomenen Beck und Bernhardt 2022).

3.3 Lösung

Am Ende der Handlung tritt ein weiterer semantischer Raum auf und alle Figuren treffen in Banias zuhause aufeinander (vgl. ebd.: 24). Das Aufeinandertreffen der Figuren gestaltet sich dabei allerdings anders aus als die bisherige Handlung. Nach Krah ist aber besonders auf das Ende der Handlung zu blicken, da hier Wertungen zurückgenommen werden können oder aber verstärkt werden können (vgl. Krah 2016: 57). Schon auf Textebene wird beschrieben, dass im inneren der Wohnung „fröhlicher Lärm" (Schami 2003: 21) und „laute, feurige Musik" (ebd.: 21) zu hören sei. Beim Zusammenspiel von Text und Bild fallen zwei Dinge auf:

1. Die Figuren befinden sich in einem kargen Flur und es gibt keinerlei Visualisierungen, die auf laute, feurige Musik hindeuten.
2. Abgebildet sind lediglich zwei **weiße* Figuren, die **Schwarzen* Figuren erscheinen nicht. Über sie wird nur gesprochen. Die Machtachse ist somit klar. Lediglich die Sichtweise des **weißen* Kindes wird dargestellt.

Beim eigentlichen Aufeinandertreffen wird dies noch deutlicher. Die **Schwarzen* Figuren werden durch die interne Fokalisierungsfigur beschrieben. Dabei wird einerseits das Verhalten der **Schwarzen* Figuren dargestellt und andererseits die Kleidung und das Aussehen fokussiert (vgl. ebd.: 22). Die Beschreibungen finden dabei erneut einseitig statt und werden hervorgehoben. Demnach werden sie als normabweichend gesetzt. Den **Schwarzen* Figuren wird keine Stimme gegeben und ihre Perspektive wird nicht ausgestaltet. Schon auf Bildebene fällt eine binäre Ordnung in Bezug auf die Kleidung der Figuren auf. Zwar sind alle Figuren sehr aufwendig gekleidet, allerdings unterscheidet sich die Art der Kleidung. Der als **weiß* gelesene Vater trägt eine Kombination aus hellem Jackett und dunkler Hose, ein weißes Hemd und eine Krawatte. Die **weiß* gelesene Tochterfigur trägt ein weiß-rosa Kleid und hat eine Schleife im Haar (vgl. ebd.: 22). Der **Schwarz* gelesene Vater trägt ein knöchellanges Gewand, einen traditionellen Hut, Sandalen und Schmuck. Bania trägt ein weiß-rotes Kleid und einen Armreif und die **Schwarz* gelesene Mutter trägt ein gemustertes Kleid, goldenen Schmuck, ein Haarband und einen Halsring (vgl. ebd.). Hinter Banias Kernfamilie stehen noch andere Figuren, die bunte Gewänder tragen, Speere oder Instrumente in der Hand halten und Kopfschmuck (beispielsweise einen Turban oder Federn) auf dem Kopf tragen (vgl. ebd.: 23). Zudem erscheint ein kleiner Junge, der auf Seite 6 schon auf Bildebene aufgetaucht ist. Er trägt eine blaue Hose und ein weißes T-Shirt.

3.4 Wertung des Bilderbuches

Die Schlussszene erscheint als rassifizierend, da die Figuren die rassistischen Stereotype und die Machtachse perpetuieren. Dennoch scheinen die Figuren sich auch anzunähern. Das verbindende Band scheint dabei die Zauberei des Vaters zu sein. Hieraus lassen sich zwei verschiedene Implikationen ableiten. Die Zauberei schafft es, die typisch westliche Logik zu überwinden, dass nämlich nicht alles erklärbar ist, und vereint die Figuren.

Die Zauberei verstärkt die Machtachse. Es handelt sich nämlich lediglich um Tricks, die der **weiße* Vater einsetzt, um andere Menschen zu faszinieren und um sie hinters Licht zu führen.

Beide Möglichkeiten erscheinen zwar als sinnvoll, allerdings gibt es im Rahmen der Handlungslogik verschiedene Hinweise, die für die zweite Option sprechen. So wird beispielsweise schon auf der Bildebene der Seite vier deutlich, dass es sich um Tricks handelt. Außerdem ist die Figur des **weißen* Mädchens genauer zu betrachten. Im Rahmen der Erzählung wird dieses nämlich als Norminstanz gesetzt. Wie ich bereits aufgezeigt habe, erweist sich die Sichtweise des Mädchens teilweise als unzuverlässig. Auch am Ende der Handlung gibt es dafür Hinweise. So erscheint das Ende der Handlung als idealisiert: Der Bildebene ist zu entnehmen, dass der Vater den Zaubertrick präsentiert und dabei lächelt, auf der Textebene wird beschrieben, dass die Ich-Erzählerin mit Fokalisierung des Mädchens nun wisse, dass der Vater nie mehr Angst vor Fremden haben würde (vgl. Schami 2003: 28). Folgt man der Handlungslogik, ist es zum einen unwahrscheinlich, dass die Figur des Vaters nun gar keine Angst mehr hat. Außerdem wird hier besonders deutlich, dass es sich lediglich um die Perspektive des Mädchens handelt. So hat sie noch nicht die Möglichkeit gehabt mit ihrem Vater zu sprechen oder sich seine Perspektive anzuhören. Hier findet also innerdiegetisch kein Repair-Prozess statt (vgl. Gansel 2015: 21f.). Stattdessen wird ein idealisierendes Happy End entworfen. Die Problematik wird nicht hinterfragt. In der Kombination mit der stereotypischen Gestaltung der **Schwarzen* Figuren, sowohl auf Bild- als auch auf Textebene, wird eine Wertung entworfen, die die Dichotomie zwischen den **weißen* und den **Schwarzen* Figuren aufrechterhält.

4 Hörbuchanalyse am Beispiel von „Bibi Bloxberg – Abenteuer Indien"

In Bezug auf die Analyse des Hörbuchs „Bibi Bloxberg – Abenteuer Indien", orientiere ich mich am Hörspielmodell von Bernhardt (vgl. Bernhardt 2022b: 255). Das Modell eignet sich, da es verschiedene Ebenen zusammenführt und so ein objektiver Blick möglich ist. Da es sich um ein Hörbuch handelt, das von einer Erzählinstanz vorgelesen wird, beleuchte ich insbesondere die Aussagen der Erzählinstanz (vgl. dazu Pissarek 2018: 139). Darüber hinaus betrachte ich die Figurenrede der Hauptcharaktere (vgl. ebd.). Insgesamt gehe ich den Leitfragen nach:

- Wie werden **weiße* Figuren ausgestaltet?
- Wie werden **Schwarze*[7] Figuren ausgestaltet?

Um die Machtverhältnisse und die Stereotypisierungen herauszuarbeiten achte ich wie bereits erwähnt, auf die sprachlichen Einzelheiten. Hierfür werde ich nun kurz den Begriff des Racevoicing erläutern. Schenker zufolge ist es von zentraler Bedeutung, bei einer rassismuskritischen Hörspielanalyse auf Racevoicing zu achten (vgl. Schenker 2016 o. S.). Bei auditiven Medien würden Charakterisierungen einzig und allein auf der klanglichen Ebene erfolgen (vgl. ebd.). Deshalb sei insbesondere auf die Ausgestaltung der Figuren auf dieser Ebene zu achten (vgl. ebd.). Racevoicing sei eine überzeichnete stimmliche Darstellung von Figuren durch ein:e Synchronsprecher:in. Diese überzeichnete Darstellung finde anhand von Idiolekten, Soziolekten und Dialekten statt und würde zu einer implizit figuralen Charakterisierung einer Figur führen

7 Wie ich in Kapitel 2.2 herausgearbeitet habe, handelt es sich bei **Schwarzen* Figuren um die Figuren, die als machtlos und wenig privilegiert erscheinen. Innerhalb dieses Kapitels sind dies die indischen Figuren.

(vgl. ebd.). Wesentlich für das Racevoicing ist demnach, dass ein:e **weiße* Synchronsprecher:in eine vermeintliche sprachliche Eigenheit einer ethnischen Gruppe imitiert. Diese Sprachart ist meistens behaftet mit stereotypischen Vorstellungen über eine Gruppe von **Anderen.*

Bei dem Hörbuch „Bibi Blocksberg – Abenteuer Indien!" handelt es sich um eine Adaption des gleichnamigen Romans von Doris Riedl (vgl. dazu Riedl 2017). Das Hörbuch ist in dem Medienverbund „Bibi Blocksberg" erschienen. Im Rahmen der Handlung fliegt Familie Blocksberg nach Indien und will sich dort die Gartenkunst anzuschauen. Doch so weit kommt es nicht, denn in Indien erleben die **weiß* gelesenen Figuren verschiedene Abenteuer und helfen den indischen Figuren.

4.1 Titelmusik

Bei dem Titelsong des Hörbuchs handelt es sich um den bekannten Titelsong des Medienverbundes Bibi Blocksberg, der hier jedoch nur als Klavierstück gespielt wird. Hierbei kommt zwar der Text des Liedes nicht vor, durch das Aufrufen des musikalischen Motivs und da davon auszugehen ist, dass die meisten Kinder den Titelsong kennen, tritt durch das Wiedererkennen aber eine Vertrautheit auf. Die dadurch entstandenen Assoziationen greife ich auf. So wird im Rahmen des Titelsongs beschrieben, wie die Hexe Bibi verschiedene Dinge in einen Optimalzustand hext: „[…] Was schwarz ist hext sie weiß, was kalt ist heiß, was leer ist wird randvoll […]"[8] Die Figur Bibi erscheint schon im Rahmen dieses Titelsongs als eine Figur, die die Macht hat, unerwünschte Dinge zu optimieren. Hier fällt die gegenteilige Opposition der Farben schwarz und weiß auf. Dabei ist die Farbe schwarz negativ behaftet, die Farbe weiß hingegen positiv.

8 https://www.youtube.com/watch?v=JVxo6vO2bjg (letzter Zugriff: 15.12.2023).

4.2 **Weiß* zu lesende Figuren in der Ausgangssituation

Die Ausgangssituation besteht in einem Generationenkonflikt: Die junge Hexe Bibi Blocksberg möchte in ihren Sommerferien Urlaub machen, ihr Vater Bernhard hingegen plant, den Garten neuanzulegen und möchte aus diesem Grund auf den Sommerurlaub verzichten und seine Zeit für die Gartengestaltung investieren (Kapitel 2, 0:14). Innerhalb dieses Konflikts wird Bernhard zunächst mit Macht ausgestattet und scheint das Familienoberhaupt zu sein. So scheint er beispielsweise als einziger einen Beruf zu haben, seine Frau Barbara arbeitet also nicht und obwohl Barbara auch Lust hätte, im Sommer zu verreisen, verfügt sie nicht über die Entscheidungsgewalt. Bibi muss deshalb mit Bernhard verhandeln (Kapitel 2, 1:00). Dass Bibi überhaupt die Möglichkeit bekommt, ihren Vater zu überreden, zeigt allerdings, dass sie innerhalb der Diegese auch Macht besitzt. Außerdem ist Bibi mit besonderen Fähigkeiten ausgestattet und kann hexen. Letztendlich schafft es Bibi sogar, ihren Vater mit Kalkül zu überreden (Kapitel 5, 0:58) und die Familie fliegt nach Indien.

Wie bereits beschrieben ist Bernhards Garten ihm enorm wichtig, außerdem plant er den Urlaub in einem übertriebenen Maße – er kauft 20 Reiseführer (Kapitel 7, 0:47) und 12 Flaschen Mückenmittel (Kapitel 8, 0:12). Dass er auf so übertriebene Art und Weise vorsorgt, impliziert, dass er gegenüber dem für ihn Unbekannten skeptisch ist und sich für alles wappnen will. Der Vater Bernhard scheint somit konservative Werte zu haben und ist gegenüber anderen Ländern verschlossen und ängstlich. Innerhalb der Diegese wird sein Verhalten als übertrieben markiert. So wird durch die extradiegetische Erzählinstanz explizit erwähnt, wie viele Reiseführer und wie viel Mückenmittel er gekauft hat. Auch auf Ebene der histoire wird Bernhards Verhalten als übertrieben markiert. So sind die Koffer am Flughafen zu schwer und Bernhard benötigt Bibis Hilfe, die das Mückenmittel und die Reiseführer wieder nach Hause hexen soll. Insgesamt erscheint Bibi als Oppositionsfigur gegenüber Bernhard. Sie hat vorwärtsgewandte Werte und freut sich auf das für sie ebenfalls unbekannte Indien. Symptomatisch hierfür sind die Vorstellungen für die anstehende Reise: Bibi und auch ihre Mutter Barbara wollen sich treiben lassen – Bernhard hingegen plant akribisch und möchte sich strikt an diesen Plan halten (Kapitel 7, 1:29). Dass es insbesondere die Figur Bibi ist, die innerhalb der Diegese mit Macht ausgestattet ist, zeigt sich schon durch den Titel des Hörbuchs. Der Medienverbund heißt „Bibi Blocksberg" und die Figur Bibi scheint zentral zu sein. Auf dem Cover des Hörspiels sitzt Bibi auf einem fliegenden Teppich. Ihr Vater oder ihre Mutter sind nicht zu sehen. In Bezug auf den Generationenkonflikt ist es letztendlich immer Bibis Wille, der durchgesetzt wird. Wie ich bereits beschrieben habe, möchte Bibis Vater nämlich eigentlich nicht nach Indien fliegen – Bibi schafft es aber, ihn zu überzeugen. Als dann feststeht, dass die Reise stattfindet, stellt er Bedingungen auf: „Keine Hexerei, kein Zelt, kein Besuch bei Hexenfreundinnen und natürlich keine Hexenbesen." (Kapitel 7, 0:17) Diese Bedingungen werden allerdings von Bibi nicht eingehalten und sie beginnt beispielsweise schon am Flughafen zu hexen. Insgesamt ist deshalb schon einmal festzuhalten, dass die Figur Bibi die Norminstanz abbildet.

4.3 Entworfenes Indien-Bild

Die gegenteilige Opposition Bernhard vs. Bibi setzt sich auch am Zielort Indien fort. Bernhard hat keine Freude an der indischen Lebensweise und möchte sofort ins Hotel (Kapitel 9, 1:00). Bibi zeigt sich hingegen offen, probiert sofort indisches Brot und will etwas über die Gewürze wissen (Kapitel 9, 0:51). Zu Beginn der Handlung wird Indien positiv gewertet. Familie Blocksberg will sich die indische Gartenkunst anschauen, die innerhalb der Diegese als etwas Bewundernswertes dargestellt wird (Kapitel 5, 1:15). Zwar scheint Bernhard Angst zu haben und wappnet sich mit Mückenmittel, dennoch freut die Familie sich. Die Gartenkunst stellt hierbei ein verbindendes Element dar und impliziert, dass es auch in Indien etwas Vertrautes geben wird. Die extradiegetische Erzählinstanz betont, dass die Familie nach einem langen Flug angekommen ist, das Reiseziel wird also bereits durch die Erwähnung der Entfernung als das Ferne beschrieben. Somit wird impliziert, dass es sich auch um das Fremde handelt. Die Erzählinstanz berichtet über Indien, dass es „wenig wohlklingend" (Kapitel 9, 0:09) sei und ein „Klangteppich aus Geschrei, Gehupe, Gedröhne […]" zu hören sei (Kapitel 9, 0:29). Auch das Hotel, in dem die Familie nächtigt, erscheint als heruntergekommen. So beschreibt die extradiegetische Erzählinstanz, dass kein Wasser aus dem Wasserhahn kommt und dass die Bettfedern quietschen (Kapitel 11, 1:05). Bernhard äußert, als er das Hotelzimmer betritt: „Sieht nicht so aus, als hätte hier jemals ein Maharadscha genächtigt." (Kapitel 11, 0:17) Bibi entgegnet zwar zunächst, dass sie es gemütlich fände (Kapitel 11, 0:24). Dass Bibi dann aber beschließt, Luxus zu hexen (Kapitel 12, 0:01), verfestigt das Bild eines heruntergekommenen Hotels. Die Aussage der Norminstanz Bibi erweist sich somit im weiteren Verlauf als unzuverlässig und das Hörbuch entwirft die Wertung, dass das indische Hotel den Standards und Erwartungen der Familie nicht genügt. Stattdessen findet eine Angleichung an die **weißen,* europäischen Standards statt.

Das entworfene Bild von Indien erfolgt auch über die Ausgestaltungen der Begegnungen mit indischen Figuren. Die erste Begegnung erfolgt, als Familie Blocksberg in Indien gelandet ist. Dabei beschreibt die Erzählinstanz, dass laute Rufe eines unermüdlichen Brotverkäufers zu hören seien (Kapitel 9, 0:29). Außerdem erscheint der Brotverkäufer als aufdringlich, da die Erzählinstanz berichtet, dass er herumbrüllt und die Familie sofort belagert (Kapitel 9, 0:38). Der Brotverkäufer wird somit als laut und aufdringlich beschrieben. Außerdem impliziert diese Szene auch ein Machtgefälle: Der Brotverkäufer setzt nämlich alle Mittel (seine Stimme und seine Präsenz) ein, um sein Brot etc. der Familie Blocksberg zu verkaufen. Durch sein lautes Auftreten erscheint er einerseits als aktiv handlungsmächtig, andererseits wird impliziert, dass er auf den Verkauf angewiesen ist und sich von der Kaufentscheidung der Familie abhängig macht. Es entsteht also schon bei der ersten Begegnung ein Machtgefälle zwischen den **weißen* und den indischen Figuren. Dieses Machtgefälle gestaltet sich vor allem über die sprachliche Defizienz der indischen Figuren aus, auf welche ich im folgenden Kapitel eingehen werde.

4.4 Die indischen Figuren

4.4.1 Racevoicing durch die Vorlesestimme

Das Hörbuch wird von der deutschen Synchronsprecherin Alexandra Marisa Wilcke vorgelesen. An den Stellen, an denen indische Figuren in Figurenrede sprechen, verstellt Wilcke ihre Stimme und beginnt gebrochenes Deutsch zu sprechen. Dies zeigt sich durch eine fehlerhafte und unvollständige Satzstruktur, eine Übernahme des stereotypisch indischen Sprechrhythmus' (übertriebene variable prosodische Betonung) und das übermäßige Simulieren eines gerollten R-Lautes. Hieraus entsteht ein Bild, das die indischen Figuren gegenüber den **weißen* Figuren als zumindest sprachlich unterlegen markiert. Ein Blick in den gleichnamigen Roman, der die Basis für das Hörbuch bildet, zeigt, dass die Stellen, an denen indischen Figuren etwas sagen, zwar in der Satzstruktur teilweise nicht vollständig sind, allerdings sind die Wörter alle richtig geschrieben (vgl. Riedl 2017: 14). Bei dem Racevoicing handelt es sich demnach um eine reine Interpretationsleistung. Im Rahmen dieser Analyse werde ich nun die Begegnung mit drei indischen Figuren analysieren, um dann die Wertung des Hörspiels herauszustellen.

4.4.2 Die Figur Padmini

Noch bevor die Figur eingeführt wird, beschreibt die extradiegetische Erzählinstanz Bibis Perspektive auf Padmini. Dabei wird Padmini von der Erzählinstanz als Inderin bezeichnet und dann wird ihr Aussehen beschrieben (Kapitel 16, 0:31). Durch diese Perspektive wird die Figur Padmini zur Betrachteten und die Perspektive der **weißen* Figur Bibi zu Betrachtenden. Obwohl die **weißen* Figuren in einem fernen Land sind, ist es ihre Sichtweise, die innerhalb der Diegese als zentral gesetzt wird. Dass zudem prominent betont wird, dass es sich um eine Inderin handelt, exponiert die Herkunft von Menschen innerhalb des Hörbuchs. So sind es auch die **weißen* Figuren, die Padmini entdecken. Auch im Aufeinandertreffen scheint das Machtgefälle wieder ganz deutlich zu sein. Padmini hat ihre Hex-Fähigkeiten verloren (Kapitel 18, 0:34). Bibi und ihre Mutter haben Mitleid (Kapitel 18, 0:38) und erkennen sofort, wo Padminis Problem liegt, während Padmini selbst planlos erscheint (Kapitel 19, 0:42). Die beschriebene Hilflosigkeit und das Mitleid von Bibi und Barbara ist symptomatisch für die gesamte Handlung. Wie Rösch darstellt, ist Mitleid ein wesentlicher Bestandteil des otherings (vgl. Rösch 2019: 35f.). Wird eine Figur als hilfsbedürftig gesetzt und andere Figuren als helfende Retter:innen ausgestaltet, so entsteht eine eindeutige Machtachse. Dabei sind die **weißen* Figuren mit Macht ausgestattet und die (in diesem Falle) indischen Figuren erscheinen als hilfsbedürftig, machtlos und wenig privilegiert. Zunächst ist also festzuhalten: Innerhalb der Diegese scheint ein eindeutiges Machtgefälle zwischen **weißen* Figuren (Bibi und Barbara) und indischen Figuren (Padmini) vorzuliegen.

Der Figur Bernhard kommt allerdings eine Sonderrolle zu. So wird er beispielsweise von Padmini in Figurenrede als „Herr Bernhard“ (Kapitel 23, 0:42) bezeichnet. Diese Szene impliziert, dass sich Padmini selbst unterordnet – zudem erscheint sie erneut als ungebildet und sprachlich unterlegen. Bernhard reagiert auf Padmini durchgehend genervt und hat keine Lust, Zeit mit ihr zu verbringen. Symptomatisch hierfür ist seine Reaktion als Padmini die Hexenkugel gestohlen wird. Während Bibi und Barbara sofort wieder zu Hilfe eilen wollen, sagt Bernhard in Figurenrede „Wir haben schon genug Zeit verloren. Im Übrigen müsst ihr nicht die ganze Welt retten. Die beiden schaffen das schon allein.“ (Kapitel 41, 0:25). Dass Bernhard Padmini nicht helfen möchte, liegt daran, dass er keine Lust auf die Kultur und die Menschen in Indien hat, er möchte seinen Plänen nachgehen und ist dabei **anderen* Figuren gegenüber abweisend. Der Konflikt zwischen Bibi und Bernhard setzt sich also in Indien fort. Allerdings ist Bibis Mutter nun eindeutig auf der Seite von Bibi. Demnach handelt es sich nicht mehr (nur) um einen Generationenkonflikt zwischen Tochter und Vater. Vielmehr besteht die Opposition nun zwischen den konservativen, akribischen Werten des Vaters und den offenen, vorwärtsgewandten Werten von Bibi und ihrer Mutter. Eine zentrale Rolle spielt dabei die Hexerei: Sie hat Bibi, Barbara und Padmini zusammengeführt, sie stattet die beiden **weißen* Hexen mit Macht (auch gegenüber Bernhard) aus und sie hilft, wenn nichts anderes mehr funktioniert.

4.4.3 Die Figur Nanda

Obwohl die Figur Bibi innerhalb der Diegese als vorwärtsgewandt und offen erscheint, betreibt auch sie othering. Wie ich bereits beschrieben habe, wird bei dem Zusammentreffen mit indischen Figuren stets die **weiße* Perspektive ausgestaltet, so auch bei dem Aufeinandertreffen mit Nanda. Bibi trifft diesen auf einem Baum im Urwald und fragt sofort: „Wer bist du denn? Was machst du hier?“ (Kapitel 29, 1:26). Anschließend wird er durch die Erzählinstanz als Junge mit einem Turban auf dem Kopf beschrieben. Das Bibi in einer solchen

Situation (auf einem Baum kletternd) so erstaunt ist über Nanda und sofort fragt, wer er ist, impliziert erneut die Absolutheit der **weißen* Sichtweise. Das prominente Erwähnen des Turbans von Nanda rückt diesen zumindest in den Fokus (über Bibis Frisur wird beispielsweise an keiner Stelle gesprochen) und impliziert somit eine **Andersartigkeit.* Zudem liegt auch bei Nanda, wie bei allen indischen Figuren innerhalb der Diegese, Racevoicing vor. Allerdings ist dieses bei Nanda besonders ausgeprägt, da dieser vor jedem Satz „darf ig sagen […]" (Kapitel 30, 0:50) sagt. Auch an dieser Stelle möchte ich noch einmal auf den gleichnamigen Roman verweisen. Zwar steht der eben genannte Satz auch hier vor jedem Satz, den Nanda sagt, allerdings ohne jegliche Fehler (vgl. Riedel 2017: 40). Demnach handelt es sich bei der falschen Betonung erneut um eine reine Interpretationsleistung im Rahmen der Adaption.

Nanda wird innerhalb der Diegese als naturverbunden beschrieben. Symptomatisch hierfür ist vor allem die Begegnung inmitten eines Baumes. Außerdem versteht Nanda nicht, wieso Bibi, ihre Eltern und Padmini nicht mehr aus dem Urwald herausfinden. In Figurenrede sagt er „Man muss doch nur der Sonne nachgehen und dem Vogelgezwitscher, dann kommt man überall hin." (Kapitel 31, 0:26). Für ihn scheint die Orientierung im Urwald überhaupt kein Problem darzustellen. Nanda hat demnach einen enorm guten Zugang zur Natur und ist nahezu als Teil von ihr zu verstehen. So braucht er auch keine Landkarte wie die **weißen* Figuren, um sich zu orientieren (Padmini ist an dieser Stelle außen vor, da sie von den **weißen* Figuren abhängig ist und deren Hilfe bedarf). Zwischen den **weißen* Figuren und Nanda entsteht somit auch eine Opposition: Natur vs. Kultur. Dabei wird die Naturverbundenheit gegenüber der Kultur als etwas Positives und Hilfreiches gewertet und erstmalig entsteht der Eindruck, dass auch die **weißen* Figuren innerhalb der Diegese Hilfe bekommen und somit als nicht am machtvollsten gesetzt werden. Diese Wertung hält allerdings nicht lange an, denn schon im Rahmen der nächsten Szene erscheint Nanda als hilfsbedürftig. So beginnt er ohne Vorwarnung zu weinen (Kapitel 35, 1:15) und sagt in Figurenrede: „Meine Mutter ist schrecklich krank, wir haben alles versucht." (Kapitel 35, 1:15) An dieser Stelle ist zu erwähnen, dass die Szene nicht zum Kontext passt und als willkürlich erscheint. Es entsteht nahezu der Eindruck, dass die indische Figur als hilfsbedürftig angesehen werden müsse.

Das zuvor beschriebene Gegensatzpaar zwischen Natur vs. Kultur wird also mit der Wertung versehen, dass die Natur die Kultur benötigt, da sie sonst hilflos ist. Mit anderen Worten: Der naturverbundene Nanda benötigt die Hilfe der **weißen* Figuren, denn seine Fähigkeiten (beispielsweise die Orientierung in einem Urwald) reichen für die wesentliche Probleme des Lebens nicht aus.

4.4.4 Die Figur mit Sonderstellung: Der Fakir

Wie ich bereits beschrieben habe, scheint die Figur Bernhard keine großes Interesse gegenüber der indischen Kultur zu haben. Symptomatisch hierfür ist auch der Restaurantbesuch der Familie. Während Bibi nämlich kein Problem damit hat, das Essen mit den Händen zu sich zu nehmen (Kapitel 35, 0:55), weigert sich Bernhard, sein Essen ohne Besteck zu essen (Kapitel 35, 0:57). Für ihn scheinen Pläne, Strukturen, Regeln und Gewohnheiten unabdingbar zu sein. Die Begegnung mit dem Fakir stellt nun eine Schlüsselszene dar. Bernhard hat seinen eigenen Weg eingeschlagen und ist ohne die Hexen unterwegs. Allerdings wird er schiffbrüchig und läuft mit nasser Kleidung durch die unberührte Natur (Kapitel 55, 0:44). So trifft er auf den indischen Mann, der in einer Hütte tanzt und dabei singt (Kapitel 55, 1:29). Bernhard erscheint in dieser Situation als äußerst hilflos. Er ist ganz allein, es ist Abend, seine Kleidung ist nass und er ist in einer einsamen Gegend unterwegs. Der Fakir, der von der Erzählinstanz als dürr (Kapitel 56, 0:01) und arm (Kapitel 56, 0:59) beschrieben wird, freut sich über Bernhards Ankunft an seiner Holzhütte (Kapitel 56, 0:30). Auch bei diesem Zusammentreffen wird lediglich die **weiße* Perspektive ausgestaltet. Bei der Figurenrede des Fakirs liegt zudem Racevoicing vor, so kann der Fakir beispielsweise Bernhards Namen nicht aussprechen. Darüber hinaus beschreibt die Erzählinstanz der Name des Fakirs höre sich an wie „Knallerbsen, die gerade explodieren." (Kapitel 57, 0:01). Die Hütte des Fakirs erscheint zwar als Rettungsort, im gleichen Zuge wird die Machtachse zwischen den **weißen* Figuren und den indischen Figuren aufrechterhalten und der Fakir erscheint als wenig privilegiert sowie als **Anders*. In den Interaktionen zwischen Bernhard und dem Fakir wird zunehmend deutlich, dass der Fakir sich seine Lebensweise bewusst ausgesucht hat und beispielsweise freiwillig auf einem Nagelbrett nächtigt. Bernhard isst sein Essen sogar mit den Händen (Kapitel 57, 0:52) und genießt es: „Es schmeckte ihm hervorragend und vielleicht sogar besser als jemals zuvor." (Kapitel 58, 0:54). Aufgrund der Notsituation musste sich Bernhard auf die Lebensweise des Fakirs einlassen. Dies führt dazu, dass er auch einen Zugang findet und allmählich umdenkt. Dass Bernhard den Fakir sogar als seinen Retter betitelt, zeigt, dass er sich erstens eingelassen hat und zweitens, dass er sich auf der Machtachse nicht mehr ganz oben sieht. Stattdessen liegt eine Gleichwertigkeit zwischen Bernhard und dem Fakir vor. An dieser Stelle ist auch zu erwähnen, dass der Fakir in gewissen Momenten mit Magie ausgestattet ist. Symptomatisch hierfür ist, dass er den fliegenden Teppich als einziger reparieren kann. Er wird also mit Macht ausgestattet, die überdies nicht nur auf der Magie beruht – so kann er trotz seines geringen Eigentums Bernhard etwas schenken (Kapitel 73, 0:06).

4.5 Wertung des Hörbuches

Bei der Figur, die Bernhard zum Umdenken gebracht hat, handelt es sich wie beschrieben um einen Fakir. Anders als die zuvor beschriebenen Figuren (Padmini und Nanda), hat der Fakir sich seine einfache Lebensweise selbst ausgesucht und ist nicht durch äußere Umstände hilflos geworden. Der Fakir hat dabei eine Sonderstellung innerhalb der Konstruktion indischer Figuren und wird insofern mit Macht ausgestattet, dass er seine Lebensweise aus freien Stücken wählen kann. Er wird somit als außenstehende Figur konstruiert, die sich in Einsamkeit flüchtet und demzufolge auch nicht Bestandteil der indischen Kultur und des indischen Zusammenlebens ist. Er ist kein Inder als Subjekt, sondern erscheint als Individuum. Bernhard hat durch das Zusammentreffen mit dem Fakir umgedacht und sich der indischen Lebensweise angenähert.

Bibi und Barbara hingegen erscheinen bis zum Schluss als machtvolle Figuren, die keine Hilfe benötigen. Stattdessen ist es insbesondere Bibi, die anderen hilft und die finalen Lösungen findet. So stellt Bibi beispielsweise fest, dass Padmini nicht mehr wahrsagen konnte, da ihre Augen schlecht geworden sind (Kapitel 84, 1:30) und Bibi und Barbara hexen die Heilkräuter herbei, die Nandas Mutter heilen sollen (Kapitel 91, 0:15). Nanda, der nicht mit magischen Fähigkeiten ausgestattet ist, erscheint als völlig hilflos ohne die **weißen* Hexen. So wird er beispielsweise von der extradiegetischen Erzählinstanz beschrieben:

„[er] wirkte schon wieder so, als ob er gleich zusammenbrechen wollte." (Kapitel 84, 0:04). Das Machtgefälle ist somit klar: die **weißen* Figuren erscheinen als Retter:innen, Nanda hingegen als völlig hilflos.

Insgesamt fällt außerdem auf, dass die einzigen indischen Figuren innerhalb des Hörspiels, die mit Macht ausgestattet sind, diese Macht durch die fantastischen Elemente, wie beispielsweise die Fähigkeit zum Hexen oder das spirituelle Außenseitertum haben. Diese dient als eine Überwindung der Machtlosigkeit, die indische Figuren eigentlich haben. Kurz gesagt: Im Machtgefüge ganz oben stehen die **weißen* Hexen, zu deren Einheit auch Bernhard gehört, dann kommen indische Figuren, die mit Magie ausgestattet sind. Ohne Macht und Privilegien erscheinen indische Figuren, die auch keine fantastischen Fähigkeiten haben. Gibt es keine Magie, so erscheinen Indien und die indischen Figuren durchgehend als unterlegen und machtlos. Hexen sind zwar nicht so unterlegen wie *normale* Figuren, es ist aber auch nicht so, dass alle Hexen gleichberechtigt sind. Stattdessen entsteht auch bei den Fantasiewesen (Hexen) ein Machtgefälle, dass genau gleich ist wie das Machtgefälle zwischen den realen Figuren (Bernhard vs. die indischen Figuren).

5 Filmanalyse am Beispiel von „Bibi & Tina – Tohuwabohu Total"

Bei meiner Filmanalyse beziehe ich mich auf Thiele, der in seinem Beitrag wesentliche Grundbegriffe der Filmanalyse auflistet und erklärt (vgl. Thiele 2023: 285). Thiele verweist darauf, dass die Kamera als Analogon der Vermittlungsinstanz in literarischen Texten zu verstehen sei (ebd.: 274). Aus diesem Grund seien die Perspektive der Kamera, die Einstellungsgröße, die Kamerabewegung und der Aufbau des Bildschnittes relevant (ebd.). Insbesondere die Achsenverhältnisse und die Mise-en-Scène werde ich genauer betrachten. Bei den Achsenverhältnissen seien das Verhältnis der Handlungsachse und die Wahrnehmungsachse zentral (vgl. ebd.: 286). Dabei gehe es um die Beeinflussung der Zuschauer:innen (vgl. ebd.). Bei der Mise-en-Scène werde die räumliche Dimension und die Gestaltungen auf dieser Ebene betrachtet (vgl. ebd.). Es geht also um die Bildinszenierung der Figuren (Anordnung, Farbe, Licht und Räume).

Zudem werde ich mich auf Bernhardts Hörspielmodell (2022) beziehen, um insbesondere die Sonosphäre zu betrachten. Dabei ergänze ich das Modell um die Kameraperspektive. Bernhardt beschreibt, dass bei seinem Modell die Gliederung in histoire und discours grundlegend sei (vgl. Bernhardt 2022b: 255). Dabei sei im Falle eines Hörspiels der discours weitaus komplexer (vgl. ebd.). Selbiges gilt auch für den Spielfilm, da es eben insbesondere darum geht, wie etwas vermittelt wird. Ich konzentriere mich daher auf die diegetische Ebene:

- die Figurenrede
- die Geräusche
- die Tontechnik/Schalleffekte
- die Musik

- die Kameraperspektive
    - die Fokussierungen
    - die Achsenverhältnisse
    - die Mise-en-Scène

Der Musicalfilm „Bibi & Tina – Tohuwabohu Total" ist der vierte Teil der Bibi & Tina Filmreihe. Die Hexe Bibi und ihre Freundin Tina treffen auf eine Ausreißerin namens Adea. Adea beklaut Bibi & Tina zu Beginn, doch schnell haben die beiden Mitleid mit Adea und die drei freunden sich an. So erfahren Bibi & Tina auch, dass Adea vor ihrem Onkel flieht, der sie nach Albanien zurückbringen und verheiraten will. Alex, der Freund von Tina und ein Hauptcharakter in der Filmreihe, hilft den Mädchen. Außerdem trifft er auf eine Band, die er mit in das Schloss seines Vaters bringt, um ein Fest zu veranstalten. Auf dem Schloss kommt es zu einem Generationenkonflikt zwischen der Elterngeneration und den Jugendlichen.

5.1 Die Darstellung der Figuren Bibi, Tina und Adea und die damit verbundene Hierarchisierung

Bibi und Tina, zwei **weiß* und weiblich gelesene Figuren, sind die Protagonistinnen des Spielfilms. Schon im Titel „Bibi & Tina Tohuwabohu Total" werden die beiden Figuren hervorgehoben. Auch die erste Szene, die Bibi und Tina zunächst in der totalen und dann in der halbtotalen Kameraeinstellung zeigt, visiert die beiden Mädchen an und setzt sie damit zentral. Dabei befinden sich die Mädchen in einer idyllischen Landschaft, die Szene ist mit ruhiger Musik unterlegt. So ertönen zarte Klänge, das Gras weht im Wind und das Wasser plätschert im Hintergrund (0:01:36). Bibi und Tina liegen dabei am Wasser und entspannen sich (0:01:36).

Bei der nächsten Figur, die auftritt, handelt es sich um ein geflüchtete Figur, was sich allerdings erst im weiteren Verlauf der Handlung herausstellt. Auch das Geschlecht und der Name der Figur, Adea, werden erst im Laufe der Handlung geklärt. Anders als Bibi und Tina wird Adea im subjektiven Kamera-Stil eingeführt (0:02:45). Dabei wird gezeigt, wie sie die Suppe von dem Lagerfeuer stiehlt (0:02:48). Dass die Figur an dieser Stelle noch nicht im Bild ist, stellt einerseits eine subjektive Nähe zu ihr her, durch deren Augen das Geschehen dargestellt wird, andererseits bleibt sie dadurch zunächst rätselhaft. Die Figur weist zunächst keine Eigenschaften auf und wird lediglich beim Stehlen dargestellt. Im Anschluss daran liegt eine interne Okularisierung, gebunden an die Sicht von Bibi und Tina vor. Dabei ist die Kameraperspektive nun deutlich ruhiger, weniger verwackelt und scheint daher deutlich geordneter. Die Protagonistinnen betrachten die Figur von hinten und vermuten, wie es in Figurenrede heißt, dass es sich um eine Dieb:in handele (0:02:50). Diese Sicht wird durch die Kameraführung, die Handlung sowie die Sonosphäre unterstützt: Die Musik wird schneller, die Pferde werden unruhig, die Schnitte schneller, sodass die bisherige Idylle durchbrochen wird und Bibi und Tina losrennen, um die Straftäter:in zu stellen (0:02:52).

Unmittelbar nach dem Aufeinandertreffen der drei Figuren wird der Grund des Diebstahls klar: Adea befindet sich in einer Notsituation. Dabei setzt Bibi Adea sofort als hilfsbedürftig, indem sie ihr in Figurenrede sagt: „Du kannst das ruhig essen." (0:02:59) Schon hier werden Bibi und Tina diskursiv mit Macht ausgestattet. Die Figur Adea jedoch wird durch die Handlung deklassiert und als unterlegen markiert. Obwohl Bibi und Tina nämlich am Ufer liegen, ertappen sie die Figur sofort beim Stehlen der Suppe, sind darüber hinaus viel schneller und können Adea ohne Probleme sofort aufhalten. Adea, der zu diesem Zeitpunkt keine Identität zugeordnet wird, da sie weder Namen noch Geschlecht hat, wehrt sich nicht gegen Bibi und Tina.

Diese Machtachse verstärkt sich in der darauffolgenden Szene. Die Figur entgegnet auf Bibis Angebot, dass sie das Essen haben könne „Ich nicht gut verstehen." (0:03:02) Daraufhin hext Bibi ungefragt „Ene Mene kleine Brache, du spricht jetzt unsere Sprache!" (0:03:05) Buchstaben und Worte fliegen daraufhin in den Mund der Figur. Die Figur wird sowohl durch die Kameraführung als auch durch die Sprache als unterlegen markiert. Die Sprachdefizienz wird durch das Hexen aufgelöst. Dass hier unhinterfragt durch die **weiß* gelesene Figur Hexerei erfolgt und die Figur sich der Situation nicht entziehen kann, da sie durch Bibi und Tina eingekreist ist und da die Buchstaben ihr einfach in den Mund fliegen, ist sie diejenige, die als Nicht-Deutsch gesetzt wird. Sie wird zudem als hilfsbedürftig, unterlegen und als nicht in der Lage, sich zu wehren, markiert. Außerdem findet keine Auseinandersetzung mit der sprachlichen Defizienz statt, stattdessen wird die Sprachbarriere assimiliert und es findet eine sofortige Glättung statt.

Obwohl die Sprache zu diesem Zeitpunkt Adeas einziges Identitätsmerkmal ist, freut sie sich über Bibis Hexerei. Dass die Figur sich sogar darüber freut, zeigt, dass auch sie selbst sich als hierarchisch unterlegen ansieht und sie froh ist, den Mangel los zu sein. Die Sprache der Figur wird somit gegenüber der deutschen Sprache deklassiert. Des Weiteren beschreibt die Figur, sie habe es selbst nicht geschafft, die Sprache in der Schule zu lernen (0:03:30) und setzt sich somit als kognitiv unterlegen. Die mangelnde Sprachfähigkeit wird damit als Defizienz gesetzt. Dass sie durch Bibis Hexerei nun sogar einen Zungenbrecher beherrscht und somit die Sprache nicht nur fehler-, sondern auch stolperfrei sprechen kann, zeigt, dass sich die Figur der sprachlichen Logik und der Sprachdominanz des Deutschen sofort zuordnet und Bibis Hexerei Unmögliches (nämlich die Sprache in der Schule zu lernen) möglich gemacht hat.

Immerhin gibt es innerhalb der Diegese eine zweite Stelle, an der diese Sprachhexerei erfolgt. Hier wird dem Grafen die arabische Sprache angehext. Nicht nur die als privilegienlos markierte Figur Adea wird mit der Sprachhexerei belegt, sondern auch der privilegierte Graf – somit ist zumindest in Teilen eine Sprachenvielfalt gegeben. Der Graf spricht tatsächlich einige Sätze in arabisch (0:52:11). Hierbei handelt es sich nicht um Aneignung oder Herabwürdigung, da beispielsweise ein PoC sogar für ihn übersetzt und somit eine Kommunikation erfolgt. Die Wertung des Textes lautet also, dass innerhalb der Diegese jede:r durch Bibis Sprachhexerei verhext werden kann und dann die jeweils andere Sprache spricht. Die Hexerei erfolgt nicht nur einseitig, sondern kann in allen Sprachen erfolgen.

Dass dennoch ein Machtungleichgewicht vorliegt, zeigt sich durch die Reaktion des Grafen. So beschwert sich dieser, dass er verhext wurde und eine andere Sprache sprechen muss (0:52:12) und nur wenige Sätze später hext Bibi ihn wieder zurück und er spricht wieder fließend Deutsch. Demzufolge wird der Graf mit Macht ausgestattet und kann die Sprachhexerei ablehnen. Während es für Adea also eine Hilfe war und sie die Sprache dankend angenommen hat, ist es für den Grafen eher eine Bestrafung, die er schnell wieder rückgängig machen möchte. Zudem wird die Szene mit der Sprachhexerei gegenüber dem

Grafen humorvoll ausgestaltet. So ist dieser sichtlich irritiert und gibt teilweise komische Laute von sich. Hieraus lässt sich ableiten, dass einerseits die deutsche Sprache die Norm ist und auf der Machtachse oben liegt und andererseits, dass der Graf, anders als Adea, sich nicht auf die andere Sprache einlässt und es ihm insgesamt schwerfällt, sich auf die andere Kultur einzulassen.

5.2 Figurenpanorama

Zentral im Film ist die Aufteilung der Figuren in zwei Gruppen: Auf der einen Seite gibt es die Figuren, die in dem „Bibi und Tina" Medienverbund bekannt sind und regelmäßig auftreten. Das sind neben Bibi und Tina, Alex (Tinas Freund), Graf Falko und dessen Butler (Dagobert), Susanne Martin (Tinas Mutter) und Holger (Tinas Bruder). All diese Figuren sind **weiß* zu lesen und werden innerhalb des Spielfilms mit Macht und Privilegien ausgestattet. Der Graf beispielsweise besitzt ein Schloss und hat die Entscheidungsgewalt über den Wald um das Schloss herum. Auch die anderen Figuren werden auf irgendeine Weise mit Macht ausgestattet. Holger, der eigentlich nur eine Nebenrolle hat, singt einen ganzen Song (1:16:18). Frau Martin hat die Entscheidungsgewalt über Bibi und Tina, indem sie ein Machtwort spricht, an das sich die beiden vorerst halten (1:16:09).

Diese Machtachse ist auch in Bezug auf die festen Freunde von Bibi und Tina zu bemerken. Alex ist Tinas Freund und erscheint in der Diegese als privilegiert und mit Macht ausgestattet. So ist er es, der Adea vor ihrer Familie in Sicherheit bringt, während Bibi und Tina ein Ablenkungsmanöver leisten (0:39:10). Außerdem lehnt sich Alex gegen seinen Vater, den Grafen, auf und schafft es, dass alle Mitglieder einer zufällig in der Gegend auftretenden Band auf dem Schloss übernachten dürfen (1:18:48). Alex verfügt demnach über zivilisierte Kommunikationsfähigkeiten und hat die Macht, auf diese Art und Weise zu verhandeln. Im Verhältnis zu den weniger privilegiert erscheinenden Figuren wird er auch schon deshalb als überlegen markiert.

Tarik gehört nicht zu dem Stamm-Figureninventar, dennoch tritt er auch nicht das erste Mal auf. So ist er im zuvor erschienenen Spielfilm von „Bibi & Tina – Voll Verhext" vorgekommen. Tarik ist Bibis Freund und stellt innerhalb der Diegese gewissermaßen eine Zwischenfigur dar: Bei seinem ersten Auftreten in diesem Film sagt der Graf abfällig „Ach, der auch noch" (1:02:58). Tarik wird somit von dem Grafen unmittelbar als Eindringling markiert, der nicht erwünscht ist und stört. Er gehört dennoch zu den privilegierten **weiß* gezeichneten Figuren, da er Bibis Freund ist und vor allem, da er mit Macht ausgestattet ist. So ist es Tarik, der einspringt, wenn die anderen Figuren nicht mehr weiterwissen oder wenn Bibi mit ihrer Hexerei nichts mehr bewirken kann. Exemplarisch hierfür ist die Szene, in der Bibi nicht mehr weiter weiß und singt: „Ich brauch n' Wunder, genau jetzt" (1:31:30), daraufhin findet ein Szenenwechsel statt und Tarik rettet Adea aus ihrem Zimmer (1:31:34).

Neben den bereits beschriebenen Figuren treten darüber hinaus zwei syrische, männlich gelesene Figuren auf, die Geschwister sind und sich auf der Flucht befinden (0:10:12). Sinan und Karim treffen das erste Mal in einer Scheune auf Bibi und Tina. Die beiden Jungen sind dort nur vorrübergehend und haben eigentlich ein anderes Ziel. So gibt Sinan in Figurenrede preis, dass er Architekt werden wolle. Auffällig sind insbesondere zwei Dinge. Sinan, der ältere Bruder, strebt es an, die Verhaltenserwartungen seiner Familie aber auch seiner Tradition zu erfüllen. Deshalb verpetzt er beispielsweise Adea an ihre Familie (0:36:59) oder stimmt dem Grafen zu, als dieser die Mitglieder der Band nicht im Schloss aufnehmen möchte. Dass im Laufe der Handlung zumindest in Teilen ein Umdenken bei Sinan stattfindet, zeigt sich am Ende. Sinan schmachtet Adea an (1:39:00). Dass er nun eine Figur anhimmelt, die die familiären Erwartungen durchbrochen hat, lässt die Deutung zu, dass auch Sinan nun offener ist.

Sinans kleiner Bruder Karim scheint auch stark in familiäre und traditionelle Erwartungen eingebunden zu sein und als Ziel die Gründung einer patriarchal organisierten Familie zu setzen. Beispielsweise flirtet er zuerst mit Bibi und dann mit Tina. Dabei kommuniziert er, dass die Rolle der Frau der Haushalt und die Beaufsichtigung der Kinder seien (0:31:18). Karim denkt allerdings schon früher um als Sinan und obwohl er der jüngere Bruder ist, wendet er sich sogar gegen Sinan, nachdem er herausfindet, dass Sinan Adeas Standort verraten wird. Obwohl die beiden Figuren innerhalb der Diegese zumindest in Teilen umdenken, liegt dennoch ein wenig kultursensibles Bild vor: Sinan und Karim erscheinen als altmodisch, akzeptieren Frauen zunächst nicht und haben strikte Rollen- und Familienvorstellungen. Das Bild der beiden Syrer ist demzufolge eher negativ konnotiert und reproduziert demnach rassistische Wertungen.

Zentral innerhalb des Films ist die Band namens „Tohuwabohu", die aus mehreren Musikern of Colour besteht und schon insofern diegetische Relevanz besitzt, als ihr Name eine Wiederaufnahme des Filmtitels ist. Schon der Name des Films ebenso wie der Band ist allerdings kritisch zu diskutieren: Tohuwabohu steht für Chaos und Durcheinander (vgl. Paál 2023: o. A.), was in Anbetracht der Tatsache, dass die Band ausschließlich aus **Schwarzen* besteht, zunächst den Anschein erweckt, dass diese mit Chaos in direkte Verbindung gebracht werden. Auch wenn die Implikation dahingehend ausgestaltet wird, dass sich die Welt ändert, bestehende Strukturen nicht weiter Bestand haben und daraus aber keine Sorgen entstehen, bleibt die Bedeutungsebene, derzufolge die postmigrantische Gesellschaft als ungeordnet erscheint. Positiv hervorzuheben ist allerdings der erste Auftritt der Band: Als Alex nämlich schiffbrüchig wird, wird er von den Bandmitgliedern gerettet (00:34:06), womit die PoC zumindest nicht als hilfsbedürftig, sondern im Gegenteil als helfend eingeführt werden. Die Stellvertreter:innen-Figur der Band ist deren Sängerin Nia, da sie die Einzige ist, die mit den anderen Figuren in Kontakt tritt und die einen Namen hat. Nia spricht perfektes Deutsch und wird mit Macht ausgestattet. Exemplarisch hierfür ist Konzert-Szene: Nia steht auf der Bühne und performt zu einem Song. Daraufhin tritt das erste Mal Holger auf, der Nia faszinierend anschmachtet (1:03:15). Nia genießt die Aufmerksamkeit und blickt lächelnd zurück. Holgers Blick wird kurz darauf von Alex gestört (1:03:22), der verwirrt ist, dass Holger nicht ansprechbar ist. Die Figur Nia erscheint also als überlegen. Sie ist auch den Blicken Holgers nicht ausgesetzt, sondern blickt aktiv zurück und erscheint damit auch nicht als passiv Angestarrte. Dass Holgers Blickfeld und nicht Nias gestört wird, zeigt dass sie durch ihre überlegene Stellung auf der Bühne nicht gestört werden kann. Im Gegensatz zu dieser machtsensiblen Figurenzeichnung stehen allerdings die sonstigen Mitglieder ihrer Band. Dies zeigt sich beispielsweise schon an der Lebensweise. So haben die Bandmitglieder kein festes Zuhause, sondern fahren mit einem alten Bus herum und bauen sich immer wieder ein Camp auf (0:34:37). Auf dem Bus sind allerlei Sachen provisorisch befestigt (0:39:03). Als

Alex beschließt, die Bandmitglieder mit aufs Schloss Falkenstein zu nehmen, nehmen sie das Angebot an und rufen Freudenschreie aus (0:39:25). Dass sie also die Möglichkeit erhalten, in einem Schloss zu nächtigen, erscheint ihnen als Erleichterung. Sie erscheinen somit in gewisser Weise als hilflos, da ihnen ihr Lebensmodell nicht ausreicht und sie dankbar sind mit auf das Schloss zu kommen. Zudem sprechen die *weißen Figuren immer wieder Englisch mit der Band (0:39:25). Somit wird deutlich, dass die Band nicht zu der deutschen Mehrheitsgesellschaft gehört und separiert wird, indem sie nämlich anders behandelt wird. Die Figur Nia wird innerhalb der Diegese zwar als Sängerin der Band ausgestaltet, trotzdem singt sie aber nur einen einzigen Song.

5.3 Racevoicing innerhalb des Films

Wie bereits beschrieben, wird Adea innerhalb der Handlung die deutsche Sprache angehext. Zunächst wird Adea als Dieb:in gekennzeichnet, die Bibi und Tina bestohlen hat – zu diesem Zeitpunkt spricht Adea noch sehr gebrochenes Deutsch und erscheint auch insgesamt als weniger privilegiert. Kurz darauf wird Adea als hilfsbedürftig gesetzt und bekommt von Bibi die deutsche Sprache angehext. Von nun an folgt sie Bibi & Tina: Sie wird von ihnen beschützt, sie erzählt einige Geheimnisse und steht gewissermaßen unter der Obhut von den beiden. Der Film entwirft demnach folgende Wertung: Die Assimilation von Adea geht auch mit der Sprache einher. Das gebrochene Deutsch steht im direkten Zusammenhang mit Privilegienlosgkeit und Kriminalität (wenn nämlich Adea Bibi & Tina beklaut). Sobald sich Adea den beiden unterordnet, kann sie auch Deutsch sprechen. Dass Adea bis zum Ende der Handlung die Sprache spricht, die Bibi ihr angehext hat, zeigt, dass Adeas Assimilation zwar durchaus von ihr gewünscht war, aber weder eigenständig noch unabhängig war, sondern dass Adea Bibis Hilfe bedarf. Adea scheint als Produkt von Bibis (Sprach)hexerei und den helfenden Taten von Bibi, Tina, Alex und Tarik.

Insgesamt wird ein Panorama gezeichnet, in dessen Rahmen es einige unterschiedliche Sprachvarietäten gibt. So gibt es Figuren, die eindeutig Racevoicing betreiben, sowie andere Figuren, die zwar aus einer anderen Kultur stammen, dies aber nicht tun. Betrachtet man beispielsweise die beiden Cousins und den Onkel von Adea, fällt auf, dass alle drei Figuren gebrochenes Deutsch sprechen und dabei Sätze, die unvollständig sind, sodass zwar der Sinn zu entnehmen ist, aber einige Wörter fehlen. Adeas anderer Cousin wird als assimiliert gezeichnet, da er App-Entwickler ist und ein teures Auto besitzt. Außerdem ist er homosexuell und hat einen Freund, er spricht die deutsche Sprache perfekt und es ist kein Racevoicing festzustellen.

Auch die beiden syrischen Geflüchteten sprechen makelloses Deutsch und es liegt kein Racevoicing vor. Festzuhalten ist: Nicht alle Figuren aus Syrien oder einer anderen Kultur werden mit Sprachdefizienzen ausgestaltet und damit mit Racevoicing ausgestattet. Dennoch: Gerade Figuren, die als weniger privilegiert erscheinen, werden mit starkem Racevoicing versehen und darüber hinaus mit Stereotypen belegt. So wiederholen Adeas Cousins, die einen heruntergekommenen Mercedes fahren, beispielsweise mehrmals das Wort „Ehrensache", stellen die Familie als höchste Priorität und befürworten die Zwangsheirat ihrer Cousine. Zudem erscheinen sie als ungepflegt, da sie beispielsweise die gesamte Handlung über dieselbe Kleidung tragen und Zahnlücken haben.

5.4 Die Perpetuierung der Hierarchisierung und die Rolle des Gesangs

Die zu Beginn dieses Kapitels dargestellte namentliche Vorstellung der Jugendlichen ist symptomatisch für die Machtverteilung innerhalb der Handlung, denn sie erfolgt erst nach der Frage der Herkunft. Tina fragt Adea also zunächst nicht nach ihrem Namen (0:03:54). Rösch arbeitet heraus, dass die Frage nach der Herkunft impliziere, dass die Zugehörigkeit zur Mehrheitsgesellschaft abgesprochen werde (vgl. Rösch 2019: 31). Dabei werde suggeriert, dass die Betroffene nicht hierhergehöre (vgl. ebd.). Adea wird also als fremd und nicht zugehörig markiert. Innerhalb der Diegese scheint diese Komponente wichtiger zu sein als beispielsweise der Name der Figur.

Erst kurz darauf wird Adea nach ihrem Namen gefragt. Die Kamera visiert eine alte Petroleumlampe an und Adea antwortet unsicher und ausweichend, dass sie Aladdin heiße (0:04: 29). Das zuvor gezeichnete Bild, der nicht zugehörigen Abweichlerin wird noch verstärkt und mit Symbolgehalt aufgeladen.

Die Petroleumlampe in Kombination mit dem Namen Aladdin entwirft ein typisch orientalisches Bild. Dabei sitzt sie die ganze Zeit und strahlt durch ihre geduckte und wenig aufrechte Körperhaltung Unwohlsein aus. Bibi und Tina hingegen springen nach der Frage ihrer Namen stolz auf, wodurch sie sofort selbstbewusst und überlegen wirken, da Adea zu ihnen hinaufschauen muss. Dann beginnen sie das bekannte Lied der Bibi und Tina Serie zu singen „Wir sind Bibi und Tina auf Amadeus und Sabrina […]" (0:04:34). Neben ihren Vornamen ordnen sie sich sofort andere Attribute zu, beispielsweise, dass beide reiten und dass ihre Pferde unweigerlich Teil von ihnen sind. Dass an dieser Stelle das Titellied der Serie gesungen wird, spielt mit vertrauten Mustern des Medienverbunds und referenziert Vertrautheit in Bezug auf die Figuren Bibi und Tina. Zudem scheint der Name der Figuren mit deren Identität unmittelbar zusammenzuhängen. Symptomatisch dafür ist beispielsweise, dass sich mit dem Vertiefen der Freundschaft der Figuren auch Adeas richtiger Name etabliert.

Eine weitere Szene, die exemplarisch für die Machtverteilung und die Marginalisierung innerhalb der Handlung ist, ist die Szene, in deren Rahmen von Adeas Flucht berichtet wird. Adea ist eingeschlafen, Bibi und Tina verlassen den Stall mit den Worten: „Mit dem stimmt doch was nicht." „Der verheimlicht uns doch was." (0:14:54) Daraufhin beginnen sie zu singen: „Müsstest du dein Zuhause verlassen, nicht mal Zeit zum Denken und Packen, vielleicht würdest du es nie wiedersehen, wüsstest auch nicht, wohin es geht […]." (0:15:09). So beginnt der Song, den Bibi singt. Dabei ist Adea zu sehen, wie sie ihr vermeintliches Zuhause verlässt und im Anschluss daran verschiedene Stationen ihrer Flucht durchläuft. Dabei fallen vor allem zwei Dinge auf:

1. Bibis Perspektive wird hier erneut zentral gesetzt. Ob es sich aber tatsächlich um die Flucht Adeas handelt oder lediglich um eine Vorstellung von Bibi, wird an dieser Stelle noch nicht deutlich. Dass die **weiß* gelesene Figur Bibi jedoch über das nötige Wissen verfügt wird im Laufe der Handlung zumindest in Teilen deutlich, da zum Beispiel das Haus, in dem Adea während des Songs ist, auch später gezeigt wird. Es scheint also so, als sei Bibi die Figur, deren Sichtweise als zuverlässig gesetzt wird und die mit einem Wissensvorsprung ausgestattet wird.

2. Bibi und Tina haben Adea nicht zu ihrer Flucht befragt und somit wird die Perspektive Adeas als unwichtig deklassiert. Die *weiß gelesene Figur Bibi wird mit der Macht ausgestattet, über Adeas Flucht zu berichten. Adea, die zuvor eingeschlafen ist, kann sich nicht wehren. Sie wird während der Flucht in Aktion gezeigt, aber hat nicht die Gelegenheit, sich selbst dazu zu äußern und wird somit herabgewürdigt. Die Perspektiven der *weißen Figuren scheinen die wichtigsten und einzig relevanten zu sein. Durch das intermodale Zusammenspiel des Songs, der fröhlich klingt und der im parallel zum Song auf Bildebene dargestellten Zwischenerzählung, die die Flucht zeigt, wird Bibis Perspektive als zuverlässig prioritär gesetzt. Obwohl sie beispielsweise singt, dass sie nicht wisse, wie sich Adea gefühlt haben müsse oder was sie selbst machen würde in einer solchen Situation (0:17:25) ist dennoch ihre Perspektive die einzig relevante innerhalb der erzählten Welt.

Dieser Blick erinnert stark an den kolonialen Blick auf **Schwarze* Menschen und an Menschenzoos: Der Blick der **weißen* Person ist zentral, allwissend und mächtig. Die **Schwarzen* Menschen wurden durch die Augen (in dem Falle der Figur Bibi) der **weißen* privilegierten Menschen gesehen und konnten sich nicht dazu äußern oder gar wehren. Das Narrativ der **weißen* Überlegenheit wird innerhalb der Szene somit nicht hinterfragt. Geflüchteten wird durch **weiße* Figuren eine Stimme gegeben und sie werden somit marginalisiert. Zudem wird Adea im Musikvideo zum Song als äußerst hilfsbedürftig und nicht privilegiert gesetzt. Sie wäscht beispielsweise ihre dreckigen Füße unter einer Brücke im dreckigen Fluss (0:16:51) oder bekommt ein Brötchen von der Bäckereiverkäuferin geschenkt (0:17:14) Bibi hat eine diegetische Zwischenstellung: Sie weiß über die Flucht und die Gefühle von Adea Bescheid, obwohl sie nicht dabei war – dass sie nicht dabei war, reflektiert Bibi sogar. Allerdings wird diese diegetische Zwischenstellung auf der Ebene von Klang und Melodie nicht konsequent ausgestaltet. So sind die Schilderungen über die dramatische und entbehrungsreiche Flucht nicht ansatzweise in einer emotional angenäherten Art und Weise angelegt, sondern erinnern an ein fröhliches Kinderlied. Die am Ende gestellte Frage „Was würdest du tun?“

und Bibis Aussage „Ich weiß es nicht" lassen sich dabei auf zwei Arten und Weisen deuten:

1. Die Flucht scheint ein Thema bzw. Ereignis zu sein, welches sogar bei der sonst nahezu allwissenden Figur Bibi Fragen offenlässt. Selbst Bibi hat auf diese Fragen keine Antworten.
2. Gerade durch die fröhliche Artikulation lässt sich das „Ich weiß es nicht" auch als eine Art Distanzaufbau lesen: Sie als nicht marginalisierte Figur weiß nicht was sie tun würde und beendet die Reflexion mit einer fröhlichen Überleitung, die impliziert, dass sie sich nicht weiter damit beschäftigen wird

5.5 Rolle der Musik

Wie bereits beschrieben, wird durch die Rolle der Musik auch eine Hierarchisierung der Figuren innerhalb der Diegese deutlich. So ist es Bibi, die die meisten Songs singt und deren Perspektive somit zentral zu sein scheint. Dennoch gibt es auch Songs, die nicht von Bibi gesungen werden. Insgesamt entsteht der Eindruck, dass insbesondere in Schlüsselmomenten gesungen wird. Exemplarisch möchte ich hierfür zwei Szenen beleuchten:

Nachdem Karim Tina eine Liebeserklärung gemacht hat und Tina diese abgelehnt hat (0:31:55), beginnt Karim zu singen. Zunächst wird der Eindruck erweckt, dass die Figur Karim mit Macht ausgestattet wird, da er einen kompletten Song singt bzw. rappt und dabei über das Stoppelfeld tanzt. Betrachtet man allerdings Tina, die in der Szene immer wieder anvisiert wird, ist zu sehen, dass Tina die Augenbraue hochzieht und über Karim schmunzelt (0:32:15). Auch in Ausschnitten, in denen Karim fokussiert wird, ist Tina zumindest von hinten zu sehen – somit ist trotz des Sängers Karim die **weiße* Perspektive von der Hauptfigur Tina vordergründig. Darüber hinaus ist der Song mit orientalisch klingender Musik unterlegt, welche die Stereotypisierung der Figur Karim verstärkt: Karim wird als weniger zivilisiert gezeichnet, so singt er beispielsweise selbst über sich „[…] und ich check und ich check und ich check nichts […]" (0:32:16). Dennoch der Song scheint die beiden Figuren zusammenzuführen.

Tina steigt nämlich mit ein, tanzt neben Karim auf dem Stoppelfeld und beginnt auch mitzusingen (0:32:36). Die beiden Figuren nähern sich sogar so weit an, dass sie Arm in Arm über den Feldweg laufen (0:32:36). Diese Stelle symbolisiert die Annäherung Karims an die Figur Tina: Obwohl die beiden Figuren unterschiedliche Vorstellungen und Werte haben, scheint die Musik eine Brücke der Annäherung gebaut zu haben.

Tatsächlich bestätigt sich dieses Bild auch am Ende der Handlung. Obwohl es im Laufe der Handlung verschiedene Einstellungen und Konfliktpotenzial gibt, ist die Musik das verbindende Element aller Figuren. Dies zeigt sich schon durch den Klang des Abschlusssongs: Der Beat des Liedes ist an den kommerziellen Afro-Trap angelehnt, während die Melodie typisch für westliche Musik ist, was sich beispielsweise durch die deutschen Lyrics zeigt. Bibi singt symptomatisch für die Verbindung durch die Musik: „Wenn nichts mehr geht, fang'n wir an zu sing'" (0:39:42). Die Wertung des Filmes lautet also, dass die Musik die Menschen verbindet, gesellschaftliche Grenzen neu ausloten kann und dabei niemanden ausgrenzt. Dennoch beinhaltet auch der Schlusssong die Wertung, dass **weiße* Figuren privilegierter und mächtiger sind. Denn neben Bibi singen nur der Graf, Tarik und Alex noch einen Part des Songs – die anderen Figuren (insbesondere Nia, Adea, Sinan und Karim) werden nicht mit der Macht ausgestattet zu singen. Somit scheint ihr Wort bzw. ihre Meinung auch nicht von Bedeutung zu sein. Es wird impliziert, dass einzig und allein die **weißen* Figuren die Macht haben Grenzen zu setzen und zu verschieben und **Schwarze* Figuren dem nur ausgeliefert sind.

5.6 Anspielung an den politischen Diskurs

In dem Spielfilm gibt es diverse Anspielungen auf außerdiegetische Ereignisse. In die Diegese eingeschrieben sind wörtliche Anspielungen an den zeitgenössischen politischen Diskurs. Insgesamt besteht der Konflikt zwischen konservativen und vorwärtsgewandten Werten. Beispiele hierfür gibt es in Form der Figurenausgestaltungen: Die Figur eines Bauunternehmers, der den Grafen über den Tisch ziehen möchte, für die Zerstörung des Waldes verantwortlich ist, Steuern hinterzieht und dessen Firma „Trumpf" heißt. Die Figur trägt außerdem einen Anzug, eine rote Krawatte, hat blonde Haare, orangefarbene Haut und blaue Augen und verweist somit sowohl auf der Ebene der Optik als auch auf der Ebene des Verhaltens auf Donald Trump. Auch auf der Ebene der Figurenrede wird der Konflikt ausgestaltet: Die Sätze des Butlers Dagobert „Wir schaffen das" und „Yes we can" als Reaktion auf die Frage nach der Unterkunft für die Band Adea, Sinan und Karim, verweisen auf Angela Merkels Wahlspruch 2015 (vgl. Schlott 2020: o. A.) und Barak Obamas Leitspruch (vgl. Horchler/Buttler/Schwarte/Windloff 2017: o. A.). Die Ausgestaltung des Konfliktes erfolgt innerhalb der Diegese auch zwischen den Generationen. So sind es Bibi, Tina, Alex, Tarik, Karim und Adea, die die älteren Geschwister oder aber die Erwachsenen zum Umdenken bringen. Eine konstruktive Lösung wird allerdings nicht ausgestaltet. Stattdessen wird eine sehr einfach, nahezu idealistische Lösung für die Flüchtlingswelle geboten, was der letzte Song zeigt. Alle Figuren tanzen zu dem Songtext „[…] alles ist Musik, Musik ist alles […]". Dabei werden abschließend verschiedene Menschen aus verschiedenen Kulturen gezeigt, die zu dem Song tanzen und singen und die bis dato nicht in dem Film aufgetreten waren (1:42:25). Das Plädoyer, dass Musik vereinend wirkt, wird somit auch auf Personen bezogen, die nicht Teil der Diegese sind und deshalb auf die reale Welt übertragen. Dennoch: In der Diegese wird tatsächlich niemand mehr ausgeschlossen und selbst Figuren, die zuvor als gemein (wie beispielsweise der Bauunternehmer Trumpf) oder nicht privilegiert (Adeas Familie) erschienen sind, tanzen jetzt mit zu der Musik. Die Musik scheint also tatsächlich Brücken gebaut zu haben und die Figuren miteinander verbunden zu haben.

5.7 Paramediale Inszenierung des Medienverbunds

Abschließend werfe ich noch einen Blick auf den Medienverbund „Bibi und Tina". Auffallend ist, dass innerhalb der Serie oder der Filme fast nie **Schwarze* Figuren auftreten oder gar Teil des Figurenpanoramas sind. Ein Blick auf die Besetzungsliste des Filmes verrät zudem, dass nur die **weißen* Figuren aufgelistet werden. Die Schauspieler:innen der **Schwarzen* Figuren werden nicht erwähnt (vgl. dazu Auflistung der Schauspieler:innen).

Zusammenfassend lässt sich sagen: Der Medienverbund „Bibi und Tina" und der Spielfilm „Bibi & Tina Tohuwabohu Total" setzten den **weißen* Blick zentral und sprechen somit auch eine **weiße* Zielgruppe an. Es gibt kaum **Schwarze* Figuren und wenn doch, dann sind sie nur Produkt der Handlungen und Wahrnehmung der privilegierten Figuren, erscheinen als weniger privilegiert, hilfsbedürftig und befinden sich auf der Machtachse unten.

6 Didaktische Überlegungen: Theoretische Grundlegung

Die Literaturdidaktik beschäftigt sich Paefgen zufolge mit der Theorie des Lehrens und Lernens von Literatur in Lernkontexten (vgl. Paefgen 2006: 56). Abraham und Kepser beschreiben zwar, dass es sich bei Literatur um den Gegenstand des Unterrichts handle, dennoch heben sie hervor, dass eine grundlegende Gegenstandsperspektive allein nicht ausreiche (vgl. Abraham/Kepser 2016: 13). Bei Abraham und Kepser geht es um das Zusammenspiel mit dem Gegenstand und dem Umgang durch die Rezipient:in. Deshalb richten die beiden ihr Augenmerk auf das Handlungsfeld „Literatur" (vgl. ebd.), welches sie in drei sich überlappende Bereiche gliedern: Individuelle Bedeutsamkeit, soziale Bedeutsamkeit und kulturelle Bedeutsamkeit (vgl. ebd.). Diese drei Bereiche könnten auch in einem Spannungsverhältnis zueinander stehen (vgl. ebd.: 19).

In Bezug auf die individuelle Bedeutsamkeit nach Abraham und Kepser ist in Bezug auf Literaturbegegnungen von Kindern und Jugendlichen die Ich-Entwicklung zentral. So würden die Rezipient:innen mit zahlreichen Lebensentwürfen konfrontiert, könnten diese mit ihrer eigenen Situation vergleichen und sich dann entweder annähern oder abgrenzen (vgl. Abraham und Kepser 2016: 14). Abraham und Kepser pointieren: Über das Rezipieren von Literatur könne eine multiperspektive Betrachtung der Umwelt erlangt werden (ebd.: 14). Für die Ich-Entwicklung lässt sich also festhalten, dass mittels literarischer Begegnungen die eigene Persönlichkeit weiterentwickelt werden kann. So können Rezipient:innen insbesondere durch die literarischen Figuren neue Lebensentwürfe kennenlernen und sich Verhaltensweisen aneignen oder sich von ihnen abgrenzen. Durch das Identifizieren bzw. Abgrenzen von Figuren kann einerseits das eigene Ich geformt werden, andererseits kann so auch Fremdverstehen stattfinden.

Bei der sozialen Bedeutsamkeit (vgl. ebd.: 15) gehe es um den Dialog in dessen Zentrum ein literarischer Text stehen könne (vgl. ebd.). Für das Gelingen eines solchen Dialogs seien pragmatische Kompetenzen der Beteiligten ausschlaggebend (vgl. ebd.). Abraham und Kepser beschreiben, dass beispielsweise basale Kommunikationsfähigkeiten, das Tolerieren anderer Meinungen und das Einbeziehen anderer in den Dialog wichtig seien (vgl. ebd.: 15f.). Durch einen solchen Dialog könne das individuelle Handlungsfeld der Literatur entweder bestätigt oder umstrukturiert werden (vgl. ebd.: 16). Außerdem würden durch einen solchen Dialog politische, soziale, ökologische und moralisch-ethische Normen bzw. Werturteile aufgebaut werden oder einer kritischen Überprüfung unterzogen (vgl. ebd). Bei der sozialen Bedeutsamkeit geht es also im weitesten Sinne ebenfalls um das Individuum, welches hierbei aber in Interaktion mit anderen tritt. Allerdings ist hierbei die Interaktion mit anderen zentral. Diese soll jedoch wieder rückgekoppelt werden und dazu führen, dass eigene Wert- und Normvorstellungen entweder hinterfragt oder verfestigt werden.

Unter der kulturellen Bedeutsamkeit (vgl. ebd.: 17) von Literatur sei deren Beitrag zu einem komplexen Symbolsystem zu verstehen. Durch dieses Symbolsystem würden große Gemeinschaften ihre Identität herstellen (vgl. ebd.). So würde durch Literatur einerseits der Anschluss zur Vergangenheit gesucht werden, andererseits würden gegenwärtige Bedürfnisse davon abgegrenzt und außerdem würden Zukunftsperspektiven entwickelt werden (vgl. ebd.). Literatur greife demnach in die soziale Praxis ein, indem sie dieser Modelle vorgeben (vgl. ebd.). Für die Rezipient:in würde das bedeuten, dass literarische Angebote nicht nur auf die eigene Person (individuelle Bedeutsamkeit) oder auf das unmittelbare Umfeld (soziale Bedeutsamkeit) bezogen würden, sondern dass auch die kollektive Bedeutsamkeit von Literatur begriffen werden müsse (vgl. ebd: 18). Kurz gesagt: Literatur wirkt sich nicht nur auf die eigene Person oder das eigene Umfeld aus, sondern hat auch eine kollektive Bedeutsamkeit. Literatur kann demnach die soziale Praxis einer Gesellschaft beeinflussen, indem Normen und Werte vorgegeben werden oder der literarische Text sich von derartigen Normen und Werten abgrenzt.

Resümierend ist hervorzuheben, dass es sich bei dem dargestellten Handlungsfeld Literatur nach Abraham und Kepser (2016) lediglich um die Handlungsweisen von Menschen im allgemeinen Umgang mit Literatur handelt. Es geht also nicht um den schulischen Kontext oder um Literaturunterricht. Literatur ist in ihrer reinen Form zu betrachten, es wird also kein schulischer

Bildungsgegenstand abgebildet – dennoch kann sie aber auch aufgrund der allgemeinen Legitimation gut für den schulischen Kontext und darüber hinaus für rassismussensibles Lernen fruchtbar gemacht werden. Zunächst werde ich grundlegende Begrifflichkeiten klären:

6.1 Literarische Kompetenz

Der Kompetenzbegriff scheint sehr zentral zu sein: So wird er beispielsweise in den Leitperspektiven des aktuellen Bildungsplans aufgeführt und gilt somit fächerübergreifend (vgl. Bildungsplan Ba-Wü 2016). Auch in der Literaturdidaktik findet sich der Kompetenzbegriff wieder. Spinner beschreibt, dass dieser als Bindeglied zwischen den Begriffen Literatur und Lernen diene (vgl. Spinner 2006: 6). Allerdings findet der Kompetenzbegriff bzw. die literarische Kompetenz keine einheitliche Verwendung und es gibt verschiedene Definitionsansätze (vgl. Abraham/Kepser 2016: 61). In meiner Arbeit werde ich mich auf Abraham/Kepser und auf Spinner beziehen: So schreiben Abraham und Kepser, dass Kompetenzen von Lernzielen abzugrenzen seien – Lernziele seien kurzfristig, Kompetenzen seien über einen längeren Zeitraum aufzubauen (vgl. ebd.). Spinner spricht an dieser Stelle auch vom „kumulativen Kompetenzerwerb“ (Spinner 2006: 7). Dabei gehe es um die Fähigkeiten im Umgang mit Texten, die auf andere Gegenstände übertragbar seien (vgl. ebd.). Bei dem kompetenzorientierten Literaturunterricht geht es demzufolge nicht um ein einziges Lernziel, das innerhalb einer Unterrichtsstunde erreicht werden soll, sondern um Fähigkeiten im Umgang mit Literatur. Lernziele sind in Abgrenzung dazu als Zwischenschritte zu verstehen.

6.2 Literarisches Lernen/literarästhetisches Lernen

Bernhardt führt an, dass der Begriff des literarischen Lernens schwierig zu definieren sei (vgl. Bernhardt 2023a: 281). Spinners 11 Aspekte seien zwar ein vielbeachtetes Modell in der Deutschdidaktik (vgl. Schilcher und Pissarek 2018a: 11), allerdings bleibe Spinner einer expliziten Definition von literarischem Lernen schuldig (vgl. Bernhardt 2023a: 281). Bernhardt stellt dar, dass sich literarisches Lernen auf den spezifischen Umgang mit Literatur beziehe (vgl. ebd.). Außerdem solle die ästhetische Genussfähigkeit gefördert werden (vgl. ebd.). Bernhardt fasst zusammen: Literarisches Lernen stellt kognitive Vorgänge dar, die die Ausbildung einer literarischen Rezeptionskompetenz zum Ziele haben (vgl. ebd.: 283). Das Ziel sei deshalb, eine kompetente Rezipient:in herauszubilden, die genussfähig sei, mit Fiktionalität umgehen, in literarische Weltentwürfe eintauchen, Zusammenhänge verstehen und Ambivalenzen tolerieren könne (vgl. ebd.). Das Ziel von literarischem Lernen ist die Rezeptionskompetenz. Literarisches Lernen findet demnach Schritt für Schritt statt und kann in einer einzelnen Unterrichtsstunde lediglich angebahnt werden. Demzufolge ist das literarische Lernen ein weiterer Zwischenprozess zwischen den Lernzielen und der literarischen Kompetenz. Bernhardt erweitert den Begriff des literarischen Lernens zu literarästhetischem Lernen. Dabei geht es ihm um den Erwerb eines Bündels an Fertigkeiten mit ästhetischen Medien in ihrer jeweiligen Eigengesetzlichkeit (vgl. ebd.: 285). Bernhardt schafft also kein neues Konzept, sondern ergänzt den Begriff des literarischen Lernens und erweitert damit die Gegenstände um weitere Medien. Es geht ihm nicht nur um den literarischen Text, sondern allgemein um ästhetische Medien. Mit dem Begriff der Ästhetik hebt er schon einen wesentlichen Punkt hervor: Nämlich, dass es eben auch um den Genuss, das Eintauchen in eine Welt und das Sich-Einlassen geht und nicht um stupide mit richtig oder falsch beantwortbare Fragen und einen feststehenden Bedeutungskern. An dieser Stelle drängen sich die Fragen auf, ob Genussfähigkeit angebracht ist, wenn es um rassismussensiblen Literaturunterricht geht und ob es überhaupt möglich ist, wenn ein hinterfragendes Vorgehen stattfindet. Ich spreche mich an dieser Stelle für *ja* aus. Erstens ist, wie Bernhardt herausgearbeitet hat, ein wesentlicher Aspekt von Literaturrezeption der Genuss. Literatur soll eben nicht in einem überwältigenden Sinne eingesetzt werden. Findet also literarästhetisches Lernen statt, so geht es nicht darum, die Schüler:innen moralisch zu indoktrinieren und richtige und falsche Verhaltensweisen festzustellen. Stattdessen soll die dargestellte Welt erkundet, erlebt und auch hinterfragt werden. Dieses Hinterfragen steht dabei nicht im Gegensatz zu der Genussfähigkeit, sondern ist Teil von ihr. Während Erwachsene häufig glauben, ein feststehender Bedeutungskern sei unabdingbar, ist es gerade für Kinder spannend, wenn es keine eindeutigen Antworten gibt und sie als kleine Detektiv:innen in die Welt der Literatur eintauchen können (vgl. dazu Bönnighausen/von Heynitz 2020: 159–176). In Bezug auf den rassismussensiblen Literaturunterricht soll es gerade darum gehen, dass die Kinder die Welt des Textes frei entdecken können und kein indoktrinierender oder überwältigender Unterricht stattfindet. So kann eine Lernatmosphäre geschaffen werden, die zum Hinterfragen der Werte und Normen innerhalb des Textes einlädt und im besten Falle auch dazu führt, dass die Schüler:innen ihre eigenen Normvorstellungen und Werteinstellungen reflektieren.

6.3 Machtkritischer Literaturunterricht

Kißling beschreibt in Bezug auf das Handlungsfeld, dass Vertreter:innen der Deutschdidaktik den Einsatz deutschsprachiger Literatur über die drei Großkonzepte Kultur, Tradition und Identität begründen würden (vgl. Kißling 2020: 347). Im Literaturunterricht würde diese daher als ein Wissens- und Erfahrungsspeicher fungieren und Anteil an der Konstitution des kulturellen Gedächtnisses nehmen. Außerdem unterstütze Literatur nicht nur den Prozess der gesellschaftlichen Sozialisation, sondern begleite auch individuelle Entwicklungsprozesse (vgl. ebd.). Kißling hält außerdem fest, dass es literarischen Texten möglich sei, Stimmenvielfalt und variable interne Fokalisierungen aufzubauen (vgl. ebd.: 348). So sei es möglich, dass neben hegemonialen auch marginalisierte Wissensdiskurse einfließen könnten (vgl. ebd.). Demnach könne entweder ein **weißer* Blick tradiert werden, oder eine rein eurozentrische Perspektive unterlaufen werden (vgl. ebd.). Zusammengefasst: Literaturunterricht wird häufig mit dem bereits beschriebenen Handlungsfeld Literatur legitimiert: Kultur (kulturelle Bedeutsamkeit), Tradition (soziale Bedeutsamkeit), Identität (individuelle Bedeutsamkeit). In Bezug auf machtkritischen Literaturunterricht hält Kißling darüber hinaus fest, dass Literatur entweder machtkritisch sein könne oder machtaffirmierend. Kißling bezieht sich hier allerdings ausschließlich auf die Texte, die entweder rassismuskritisch sein können, oder Rassismus perpetuieren können. Anknüpfend an Bernhardts

Ausführung (wird im Rahmen dieses Kapitels noch genauer ausgeführt) zu dem Aufstören nach Gansel, als institutionalisierte Aufgabe der Schule, muss die Literatur nicht zwingend selbst die von Kißling herausgearbeiteten Reflexionsangebote liefern. Stattdessen kann ein solches Reflexionsangebot auch von der Lehrkraft initiiert werden. Insbesondere Texte, deren System nicht machtkritisch ist, könnten so aufgearbeitet werden, dass dennoch eine Reflexion der bestehenden Struktur möglich ist. Ein Text, der gerade nicht rassismuskritisch bzw. machtkritisch ist und demnach den Rassismus unserer Gesellschaft abbildet oder perpetuiert, kann bei rassismussensibler didaktischer Umsetzung dennoch zum Hinterfragen von eingeschriebenen Normen, Werten und Konstrukten dienen. Das Potenzial liegt dann darin, dass diese Hinterfragungshaltung auf die Gesellschaft und die eigene Person übertragen werden kann.

Im Umkehrschluss: Ist ein Text schon von sich aus aufstörend konzipiert und hinterfragt bestehende Machtstrukturen und Rassismen, so kann zwar rassismussensibles Lernen stattfinden, die Erkenntnisse lassen sich aber nicht 1:1 auf die Gesellschaft übertragen. Da Schüler:innen aber permanent mit Texten bzw. Medien in Verbindung stehen, die nicht hinterfragend sind und somit Rassismen reproduzieren, halte ich es für besonders sinnvoll, dass vor allem solche Texte auch im schulischen Kontext angewendet werden. Nichtsdestotrotz ist mir bewusst, dass dies zumindest temporär nicht dazu führt, marginalisierte Gruppen zu normalisieren, stattdessen ist diese Herangehensweise dekonstruktiv ausgelegt und setzt damit das Problemfeld zentral (vgl. dazu Kapitel 6.5). Wenn nämlich mittels Literaturunterricht Werte und Normen in Bezug auf Rassismus hinterfragt und dekonstruiert werden, führt das erstmal nicht dazu, dass **Schwarze* Figuren und allgemein der Blick auf die postmigrantische Gesellschaft normalisiert werden. Das hat allerdings den naheliegenden Grund, dass Literatur (zumindest in Teilen) Rassismus perpetuiert und machtaffimierend ist (vor allem die Werke in dieser Arbeit). Dennoch kann durch einen solchen dekonstruktiven Ansatz auf Empowerment und Normalisierung hingearbeitet werden. Werden machtaffimierende Strukturen hinterfragt, kann dies einerseits dazu führen, dass auch die Dichotomie **Schwarz* vs. **weiß* hinterfragt bzw. aufgelöst wird und sich **Schwarze* Schüler:innen empowert fühlen (vgl. dazu Akue-Dovi 2022: 88f.). Akue-Dovi hat in ihrer empirisch angelegten Studie mit **Schwarzen* Kindern gearbeitet und deren Sichtweise auf TKKG-Hörspiele anhand von Gruppendiskussionen ermittelt (vgl. ebd.: 1). Durch die reflektierte Auseinandersetzung mit den Stereotypen innerhalb des Hörspiels gewannen die Kinder nicht den Eindruck, dass Stereotype reproduziert werden, sondern dass eine Fokussierung von Stereotypen eine spezifische Form des Empowerments sei (vgl. ebd.: 89).

Wie bereits angedeutet, ist auch in Bezug auf die didaktischen Überlegungen zum rassismussensiblen Literaturunterricht das Trilemma des Anti-Rassismus im Sinne von Boger zu bedenken (vgl. Boger: 2016). Auch hier gilt, dass eine unterrichtliche Auswahl von Texten, die eine zu starke Normalisierung aufweisen, möglicherweise Dekonstruktion und Empowerment entgegenwirkt. Eine zu starke Fokussierung von Dekonstruktion, kann wiederum der Normalisierung entgegenwirken.

Der Literaturunterricht ist demnach auch in dem Trilemma zu verorten, es wird bei genauer Betrachtung immer mindestens eine Sache entweder überfokussiert oder vernachlässigt. Eine Lehrkraft muss stets abwägen, was sie mit einem Gegenstand bewirken will und bedenken, welche Punkte sie dabei vernachlässigt. Allein das Bewusstsein darüber führt schon dazu, dass die Lehrkraft standpunktreflexiv handelt (wird in Kapitel 6.5 noch erläutert).

6.3.1 Literaturunterricht als *Dritter Raum*

Literatur lässt sich in einem erweiterten Sinne in den Kontext des von Bhabha in die postoloniale Kulturwissenschaft eingeführten Dritten Raums einordnen (vgl. Bhabha 1994; vgl. einführend Struve 2017: 226–227). Bhabha führt aus:

> It is that Third Space, though unrepresentable in itself, which constitutes the discursive conditions of enunciation that ensure that the meaning and symbols of culture have no primordial unity or fixity; that even the same signs can be appropriated, translated, rehistoricized and read anew. (Bhabha 1994: 37)

Diesen Ausführungen zufolge ist der Dritte Raum an sich nicht darstellbar – allerdings stellt er die diskursiven Bedingungen von Äußerungen innerhalb der Gesellschaft dar. Dieses Darstellen stelle sicher, dass Bedeutungen und Symbole einer Kultur weder eine ursprüngliche Einheit haben noch feststеhend sind. Stattdessen werden sie (immer wieder neu) konstruiert und mit Bedeutung aufgeladen (vgl. ebd.). Mit Struve gesprochen handelt es sich beim Dritten Raum um eine Konzeptmetapher, die die Dynamiken in kulturellen Aushandlungsprozessen durch die Dekonstruktion von Binaritäten erfasse und betone (vgl. Struve 2017: 226). Es geht also nicht um einen tatsächlichen Raum, sondern um die Beschreibung kultureller Prozesse. In diesen Prozessen werden bestehende Binaritäten wie z. B. **weiß* vs. **Schwarz* sichtbar gemacht und hervorgehoben. In einem Dritten Raum sei es möglich, dass Bedeutungen, Sinnzuschreibungen und machtvolle Sinnkonstruktionen neu ausgehandelt würden (vgl. ebd.). Werden also die Binaritäten sichtbar gemacht und hervorgehoben, so kann auch eine Neuaushandlung stattfinden. Dadurch würden Machtpositionen und Sinnzuschreibungen in Bewegung geraten (vgl. ebd.). In Bezug auf das **Weißsein* und den Rassismus gilt somit: Werden in einem Dritten Raum die Strukturen, das **Weißsein* und die Machtachsen sichtbar und hervorgehoben, so kann auch eine Neuaushandlung stattfinden und die Machtpositionen können in Bewegung geraten. Struve pointiert: Bei dem Dritten Raum handelt es sich um ein dekonstruktivistisch ausgerichtetes Konzept, welches die Möglichkeit bietet, Machtverhältnisse und Identifikationsmechanismen aus der starren Dialektik herauszulösen (vgl. ebd.: 227).

Wie ich zu Beginn des Kapitels dargestellt habe, hat Literatur Kißling zufolge die Möglichkeit, den **weißen* Blick zu tradieren oder die gesellschaftlichen Verhältnisse zu hinterfragen (vgl. Kißling 2020: 348). Diese Eigenschaft von Literatur – also das Verfestigen von Werten und Normen oder das neu Ausloten, erinnert an den Dritten Raum nach Bhabha.

Bezieht man den Dritten Raum nun auf Literatur(unterricht), so lässt sich festhalten:

1. Literatur kann zwar einen Dritten Raum bilden, bildet diesen aber nicht zwangsläufig. Wenn Literatur dekonstruktiv ausgerichtet ist und Werte und Normen, insbesondere in Bezug auf Machtverhältnisse, hinterfragt, so kann Literatur im übertragenen Sinne zu einem Dritten Raum werden, wird sie kritisch rezipiert. Ist Literatur allerdings nicht machtkritisch und/oder wird nicht kritisch rezipiert, so entsteht auch kein Dritter Raum.

2. Dasselbe gilt auch für den Literaturunterricht. Dieser kann in einem dekonstruktiven Sinne stattfinden und einen Dritten Raum abbilden. Findet allerdings Literaturunterricht statt, der nicht dekonstruktiv ist und in dessen Rahmen Machtstrukturen nicht hinterfragt werden, so entsteht auch kein Dritter Raum.
3. Literaturunterricht bietet allerdings die Möglichkeit, so meine These, die Literatur so aufzuarbeiten, dass selbst Texte, die augenscheinlich nicht hinterfragend sind, zum Hinterfragen der Machtstrukturen einladen. Ein Dritter Raum kann demzufolge auch durch die Lehrkraft und nicht nur durch den Gegenstand initiiert werden. Schon vorab stelle ich hierfür zwei wesentliche Aspekte vor, die bei einem dekonstruktiv ausgelegten Literaturunterricht in jedem Falle zentral und somit allgemeingültig sind.

6.3.2 Nicht-immersive Lesart als Schlüssel zu einem machtkritischen Umgang mit problematischen Gegenständen

Genette stellt dar, dass eine geringe Distanz zum Erzählten eine Unmittelbarkeitssimulation darstelle (vgl. Genette 2010: 104f.). Eine solche Unmittelbarkeitssimulation lässt sich im Rahmen der Rezeption als Einladung zum Eintauchen in die erzählte Welt auffassen. Passagen hingegen, in denen eine erzählerische Distanz vorliegt, indem beispielsweise auf eine knappere Art und Weise erzählt wird, sorgen Bernhardt zufolge im Rezeptionskontext dafür, dass Immersionsdistanz entsteht und demzufolge keine starke emotionale Verstrickung erfolgt (vgl. Bernhardt 2022a: 157). Durch geringe Distanz entstehe demzufolge Immersionspotenzial (vgl. ebd.), durch Distanzerzeugung könne eine nicht-immersive Lesart erzeugt werden (vgl. Bernhardt 2023d: i. V.). Allerdings kann auch eine nicht-immersive Lesart durch das Unterrichtsarrangement herbeigeführt werden. So lässt sich durch einen analytischen, kritisch-hinterfragenden Blick auf literarästhetische Gegenstände gerade bei einer großen erzälerischen Nähe ein Blick auf die Mittel der Emotionslenkung werfen und so eine Klarheit über die Art und Weise der Darstellung herbeiführen, in deren Rahmen Schüler:innen auch dazu angeregt werden, sich nicht nur zu verstricken, sondern auch die Konstruktionsprinzipien zu durchschauen. Bernhardt beschreibt, dass eine solche nicht-immersive Lesart zu einer Hinterfragungshaltung einladen solle (vgl. ebd.). In Bezug auf meine bisherigen Darstellungen heißt dies: Wenn Literatur eine geringe Distanz zum Erzählten aufbaut, zum Eintauchen in die Welt einlädt und somit immersiv konzipiert ist, dann entsteht zunächst einmal kein Dritter Raum, bestehende Machtverhältnisse können nicht hinterfragt und dekonstruiert werden. Ein Text, der distanzerzeugend ist und somit nicht-immersiv konzipiert ist, lädt zum Hinterfragen und Dekonstruieren ein. Auch das Unterrichtsarrangement kann einen solchen Hinterfragungsmodus herbeiführen. Eine nicht-immersive-Lesart wäre deshalb das Ziel und müsste durch die Lehrkraft initiiert werden, um dann im Sinne Bernhardts zu einer Hinterfragungshaltung anzuregen (vgl. Bernhardt 2023 d: i. V.) oder mit anderen Worten: um einen Dritten Raum zu generieren.

Hierfür bietet sich ein Blick auf das Kompetenzmodell von Schilcher und Pissarek an (vgl. Schilcher/Pissarek 2018: 324f.). Hier wird die Analyse der Vermittlungsebene angestrebt (vgl. ebd.). Durch das Herausstellen der Vermittlungsebene und durch das Analysieren, kann eine nicht-immersive Lesart gefördert werden, da so ein objektiverer Blick ermöglicht wird, der es erlaubt die Welt des Textes zu hinterfragen.

6.3.3 Der ästhetische Schonraum

Liegt eine nicht-immersive Lesart vor, so würde dies dazu führen, dass die Rezipient:innen den Text nicht identifikatorisch wahrnehmen (vgl. Bernhardt 2022a: 158). Hierfür bietet es sich an den Fiktionalitätscharakter der Literatur für die Schüler:innen sichtbar zu machen. Spinner hält diesen in seinen 11 Aspekten fest und arbeitet als Ziel des literarischen Lernens das bewusste Umgehen mit Fiktionalität heraus (vgl. Spinner 2006: 11). Bernhardt schlägt beispielsweise vor, das Eintauchen in eine fiktionale Welt zu inszenieren (vgl. Bernhardt 2023b: 29). Die Schüler:innen sollen wahrnehmen, dass sie sich auf derartige Welten einlassen können (vgl. ebd.). Das Sich-Einlassen und das Nicht-Identifikatorische klingen zunächst widersprüchlich. Der ästhetische Schonraum im Kontext der Problemorientierung besteht ja gerade darin, dass keine immersive, also keine emotional annähernde Betrachtung vorliegt. Allerdings halte ich ein Zusammenspiel aus einer immersiven und nicht-immersiven Lesart für besonders sinnvoll. Zunächst soll durch das Sich-Einlassen und den identifikatorischen Modus das literarästhetische Potenzial ausgenutzt werden, dass es sich um einen fiktionalen Gegenstand handelt, es geht nicht um die eigene Person oder die eigene Lebenswelt – die Schüler:innen sollen explizit nicht über sich selbst sprechen. Die nicht-immersive Lesart führt im Zusammenspiel nun dazu, dass über problematische Stellen gesprochen werden kann und auch hier wieder ohne, dass eigene rassistische Erfahrungen oder über eigenes **weißes* Handeln gesprochen wird. Die beiden Lesarten in Kombination sollen also dazu führen, dass die fiktionale Welt zuerst einmal wahrgenommen und sich auf sie eingelassen wird und erst im Anschluss dann die Werte und Normen hinterfragt werden. Würde von vornherein ein nicht-immersiver Modus stattfinden, so würden die Schüler:innen keinen guten Zugang finden. Würde lediglich Immersion angestrebt, so könnte kein Hinterfragen stattfinden.

6.4 Selbstreflexion durch Literaturunterricht

Ein Weg, die genannten Aspekte (literarästhetisches Lernen, Immersion und Distanz) zu verbinden, ist das Fremdverstehen. Wie Abraham und Kepser in Bezug auf den Umgang mit Literatur dargestellt haben, sei durch die Begegnung mit literarischen Figuren Fremdverstehen möglich (vgl. Abraham/Kepser 2016: 14). Dies ist so wichtig, da einerseits durch die Figuren ein Sich-Identifizieren stattfinden kann oder andererseits ein Sich-Abgrenzen. Beides kann durch die Lehrkraft angeregt werden. Um das Fremdverstehen bei Schüler:innen zu fördern, bietet sich Spinners zweiter Aspekt „Subjektive Involviertheit und genaue Wahrnehmung miteinander ins Spiel bringen" (Spinner 2006: 8) an. Ebenso wie Abraham und Kepser geht auch Spinner davon aus, dass ein Text zu den persönlichen Interessen eine:r Rezipient:in passen müsse (vgl. ebd.). Außerdem sei die Aufmerksamkeit für den Text wichtig (vgl. ebd). Spinner stellt dar, dass sich die subjektive Involviertheit, also das individuelle Eintauchen in einen Text, und die aufmerksame Textwahrnehmung gegenseitig steigern können (vgl. ebd.). So könnten Entdeckungen am Text die Selbstreflexion anregen und diese Selbstreflexion könne wiederum das Interesse an dem Text verstärken (vgl. ebd.). Da es insbesondere die Figuren sind, über die ein Eintauchen in die Welt erfolge (vgl. dazu Pissarek 2018: 135), ist es sinnvoll Spinners zweiten Aspekt mit dem vierten Punkt „Merkmale der Figuren erkennen und interpretieren“ (Schilcher/Pissarek 2018: 324f.) des Kompetenzmodells nach Schilcher und Pissarek zu kombinieren. Die genaue Textwahrnehmung nach Spinner kann mittels der Charakterisierung von Figuren erfolgen. Wird nämlich eine Figur charakterisiert und Figurenverhalten von expliziten Zuschreibungen (vgl. ebd.) unterschieden, so findet eine genaue Figurenwahrnehmung statt, die dann in Kombination mit Spinners subjektiver Involviertheit zu einem besseren Fremdverstehen der Rezipient:in beitragen kann.

Aus diesem Grund ist die Fremdheit innerhalb eines Textes wünschenswert und sollte nicht durch monotone Charakterisierungen zunichte gemacht werden. Schon Spinner spricht davon, dass Rezipient:innen ihre eigenen Erfahrungen in einem literarischen Text wie in einem Spiegel sehen würden und zugleich irritiert würden (vgl. Spinner 2006: 8). Gerade deshalb bietet Literatur individuelle Erlebnisperspektiven. Darüber hinaus kann Literatur auch eigene Denkmuster und Kognitionsroutinen im Sinne Ekes durchbrechen (vgl. Eke 2014: 271) und dadurch die Aufmerksamkeit auf sonst unfraglich vermeintliche Selbstverständlichkeiten lenken. Da nämlich Literatur Figuren in bedeutsamen Lebenssituationen ausgestalten kann, bietet sie mehr als ein bloßes Zeigen und bietet zugleich einen emotionalen Zugang.

Gansel schreibt Literatur das Potenzial des Aufstörens zu. Im Folgenden werde ich das Konzept der Störungen erläutern und auch kritisch beleuchten und dann Mitterers Konzept der responsiven Literaturdidaktik vorstellen.

6.4.1 Aufstören mit Literatur

Gansel beschreibt zunächst das Muster der Erzeugung und Wahrnehmung von Störungen. Beginnend sei dabei die Irritation, die Überraschung, die Normverletzung bzw. die Grenzüberschreitung (Gansel 2015: 16) zu nennen. Darauf folgen das Erkennen, die Enthüllung und die Verstärkung. Anschließend komme die Begründung, der Kommentar oder standfestes Beharren. Abschließend würde der Konflikt entstört (ebd.).

In Bezug auf die Kinder- und Jugendliteratur würden Störungen das Was und Wie der Darstellung, also *histoire und discours* betreffen (vgl. Gansel 2015:

18). So sei es möglich, dass bisherige Erwartungen, Normen, Werte und Konventionen irritiert und aufgestört würden und Grenzen überschritten würden (vgl. ebd.: 21). Dabei, so Gansel, sei ein Text nur dann aufstörend, wenn er diese Voraussetzungen erfülle (vgl. ebd.). Gansel geht zudem davon aus, dass es insbesondere die Vermittlungsinstanzen seien, die Irritationen wahrnehmen (vgl. ebd.).

Anders als Gansel gehe ich davon aus, dass auch kindliche Rezipient:innen Störungen wahrnehmen. So sind beispielsweise Grundschulkinder schon so sehr in gesellschaftliche Strukturen eingebunden, dass sie durchaus in der Lage sein können Normbrüche zu identifizieren. Solche Irritationen können sich beispielsweise durch körperliche Reaktionen wie Lachen äußern (vgl. Bernhardt 2023c: 13). Demzufolge ist es wichtig, dass die Lehrkraft als Vermittlungsinstanz die Irritationsmomente im Rahmen der Vorbereitung zwar als solche identifiziert, den Schüler:innen aber dennoch die Möglichkeit zu einer individuellen Rezeptionserfahrung (mitsamt individuellen Störungen) eröffnet.

Insgesamt sei das Augenmerk vor allem auf die Figuren, die Ereignisse und Räume zu legen, die aus den bisherigen Konventionen der KJL herausfallen und so eine Irritation erzeugen (vgl. Gansel 2015: 22). Das Potenzial von Störungen liegt Gansel zufolge darin, dass Störungen in der Lage seien eingeschliffene Denk- und Verhältnisdispositionen aufzubrechen und Neuerungen in Gang zu setzen (vgl. ebd.: 17). In Bezug auf Jäger resümiert Gansel, dass ein permanentes Wechselspiel zwischen Störimpuls und transkriptiver Bearbeitung, Kommunikationsprozesse anrege und somit auch selbstreflexiv sei (vgl. ebd. und vertiefend dazu vgl. Jäger 2004: 41). Gansel veranschaulicht, dass Störungen zu Repairhandlungen führen können (vgl. Gansel 2015: 17). Bernhardt und Tönsing pointieren: Eine Störung könne einen Wandlungsprozess in Gang bringen, indem eine Entautomatisierung des sonst Unhinterfraglichen erfolge (vgl. Bernhardt/Tönsing 2023: 254). Das Wechselspiel zwischen Störung und transkriptiver Bearbeitung lässt sich erneut mit Spinners Aspekt „Subjektive Involviertheit und genaue Wahrnehmung miteinander ins Spiel bringen“ (Spinner 2006: 8) verbinden. Wenn nämlich eine Störung vorliegt und die Rezipient:innen irritiert sind, dann kann diese Irritation genutzt werden, um damit die genaue Wahrnehmung (in diesem Falle die transkriptive Bearbeitung) zu fokussieren. So kann ein Wechselspiel im Sinne Spinners stattfinden und Selbstreflexionsprozesse können angeregt werden. Zudem kann ein solches Wechselspiel dafür genutzt werden, um an Stelle einer immersiven Lesart eine reflektierende Lesart anzuregen. Eine methodische Herangehensweise wäre beispielsweise, zu fragen:

- Warum musstest du gerade lachen?
- Was stört dich an dieser Stelle/auf dieser Seite?
- Was ist hier anders als du es gewohnt bist?

Gansel geht allerdings davon aus, dass ein Text nur dann aufstörend sei, wenn er die Irritation selbst inszeniert. Er beschäftigt sich vornehmlich mit Störungen auf Seite der Produktion (intendierte Störungen) und deutet nur recht vage an, wie Störungen auf der Ebene der Rezeption erfolgen könnten.

Bernhardt hingegen plädiert für einen anderen Umgang mit Störungen. Ihm zufolge können Störungen auch durch unterrichtliche Arrangements inszeniert werden. Dabei solle sich die Schule selbst als aufstörend verstehen (vgl. Bernhardt 2024: i. V.). Anknüpfend an Bernhardt plädiere ich für eine aufstörenden Rezeptionsmodus, der gerade dann stattfindet, wenn Literatur behandelt wird, die nicht aufstörend konzipiert ist. Da es sich bei Literatur zumindest in Teilen um ein Abbild der Realität handelt und demzufolge die Identifikation problematischer Strukturen auch Rückschlüsse auf problematische Strukturen innerhalb der realen Gesellschaft zulässt, können das Störpotenzial und damit verbundene Repair- und Care-Prozesse (vgl. Bernhardt/Tönsing 2023: 255) dazu führen, dass gegenwärtige gesellschaftliche Strukturen hinterfragt werden. Da ein Gegenwartsbezug und individuelle Bezogenheit zentral für Literaturunterricht sind, kann dies dazu führen, dass Rezipient:innen sich als selbstwirksam und bedeutsam wahrnehmen. Wie bereits beschrieben gehe ich davon aus, dass Grundschüler:innen bereits in der Lage sind, Störungen zu identifizieren. Dennoch sind unterrichtliche Arrangements, wie Bernhardt sie beschreibt, unverzichtbar, um die Störungen für Repair- und Care-Prozesse zu nutzen. Pointiert gesagt: Die Störungen dürfen nicht so offensichtlich bearbeitet werden, dass die Schüler:innen das Gefühl haben, sie müssen nun aufgestört werden. Vielmehr sollte die Lehrkraft die

Schüler:innen sensibel zu den Störungen lenken und die Klasse stets so im Blick haben, dass Störungen in der Rezeption der Kinder wahrgenommen werden. Werden Störungen wahrgenommen, ist es an der Lehrkraft diese zu bearbeiten und im Sinne Gansels, Spinners und Bernhardts Selbstreflexionsprozesse anzuregen.

6.4.2 Responsive Literaturdidaktik

Dass Störungen Teil unseres täglichen Lebens und somit auch Teil jeglicher Literatur sind, zeigt sich bei einem Blick auf Mitterers (2016) elf Thesen einer responsiven Literaturdidaktik: Dabei geht sie nicht von einem konstanten Subjekt aus, sondern einem Variablen. Mitterer geht davon aus, dass das Fremde eine erfahrbare Kategorie sei, zu der sich jeder Mensch täglich verhalten müsse (vgl. Mitterer 2016: 271). Vollständig rational fassbar sei diese Kategorie jedoch nicht (vgl. ebd.). In Bezug auf das alltägliche Leben nennt sie beispielhaft „die zwischenmenschliche Begegnung, das Lernen, die Geburt, der Tod"; so seien all diese Erfahrungen „vom Fremden strukturiert" (ebd.). Literatur sei insofern durch das Fremde geprägt, als sie eine neue Welt hervorbringe (vgl. ebd.: 270), die niemals vollständig fassbar und zugänglich sei und sich erlernten Verstehensroutinen widersetzte (vgl. ebd.: 271).

Deshalb stellt Mitterer dar, dass ein Verstehen von Literatur unmöglich sei (vgl. ebd: 272) und legt einen responsiven Habitus nahe (vgl. ebd.). Ihr zufolge geht es darum, dass beim Lesen eines Textes auch ein Sich-Einlassen auf den Text stattfinden muss. Dieses Sich-Einlassen führt dazu, dass eine Rezipient:in durch die Lektüre eines Textes auch emotional ergriffen wird. Mitterer spricht davon, dass durch die Lektüre eines Textes die Rezipient:in sich darauf einlassen müsse, einen neuen Blick auf die Welt zu erlangen (vgl. ebd.). Das bedeutet, dass sie Literatur ein Erfahrungspotenzial zuschreibt. Allerdings bleibt auch sie nicht bei dem passiven Modus stehen, sondern plädiert für ein antwortendes Fragen. Die Fragen würden dabei vom Text kommen und die Antworten seien das Gegenteil einer Beantwortung. Stattdessen stehe eine sinnhafte Erfahrung im Vordergrund, die es ermögliche den Text als Erlebnis wahrzunehmen (vgl. ebd.). Erst dann könne eine Beantwortung stattfinden. Hierbei sei zentral, dass die Antworten keiner Beurteilung unterlegen (vgl. ebd.: 273).

Mitterer geht also davon aus, dass ein:e Rezipient:in sich auf einen Text, dem auf unterschiedliche und individuelle Art und Weise das Fremde inne wohnt, passiv einlassen müsse, um dann zu einem antwortenden Fragen zu gelangen. Auch die Antworten sind dabei unterschiedlich und individuell und dürfen nicht bewertet werden. Hofmann stellt in Bezug auf Mitterer dar, dass es kein feststehendes „Ich" gebe, sondern dass sich das „Ich" in einer ständigen Bewegung befände (vgl. Hofmann 2023a: 17). Daraus ergebe sich im besten Falle eine differenzierte Identität, die mit den Irritationen der Literatur umgehen würde (vgl. ebd.). Literarisches Lernen sei demnach eine ganzheitliche Begegnung mit dem Text. Dabei durchbreche der Text die Routinen des Alltags (vgl. ebd.) und verändere das Subjekt. Diese Veränderung des Subjekts verändere wiederum den Blick auf den Text.

Anknüpfend an Baum (2019) und Mitterer (2016) bezieht sich auch Hofmann darauf, dass Literaturdidaktik, die ihrem Gegenstand gerecht werden wolle, offen und dekonstruktiv sein solle (vgl. Hofmann 2023a: 17). Dabei beschreibt er als Ziel des Lernprozesses einen reflektierten Umgang mit in Literatur eingeschriebenen Machtstukturen. Literatur gestalte krisenhafte Konflikte aus und entwerfe dabei keine Auflösung einer Krise (vgl. ebd). Literarisches Lernen hat ihm zufolge eine fundamentale Bedeutung für die Individuation. Identitätsbildung und produktive Verunsicherung würden dabei eine Verbindung eingehen und es würde eine unterkomplexe Perspektivität auf Identität vermieden (vgl. ebd.). Hofmann geht davon aus, dass wenn Schüler:innen realisieren, dass es keine einfachen Antworten auf komplexe Fragen gibt, sie auch lernen, dass Identität nicht durch unterkomplexe Perspektivität gekennzeichnet ist. Die Schüler:innen würden also lernen, dass die Perspektive stets eine Rolle spielt und dass Fragen bezüglich der Identität (auch anderer Figuren/Personen) immer perspektivgebunden sind. Ihm geht es darum, dass es ganz im Sinne einer Literaturdidaktik seit der rezeptionsästhetischen Wende, kein Richtig und Falsch gibt – es geht demnach nicht um die eine richtige Lösung. Stattdessen geht es um die Auseinandersetzung mit der Literatur, die zu einem reflektierten Umgang führen soll. Insgesamt führt das dazu, dass gerade durch diesen Zugriff Machtstrukturen aufgelöst werden, weil es kein allwissendes „Ich" gibt, dass keine richtige Antwort geben kann. Dies kann dazu führen, dass dann auch eine Reflexion der eigenen Person erfolgt. Im Folgenden werde ich aufzeigen, wie zentral Reflexionsprozesse sind.

6.5 Standpunktreflexivität

Werden mittels Literatur das Handeln von Figuren und die Werte und Normen innerhalb einer erzählten Welt hinterfragt, so bietet dies auch Möglichkeiten, wie ich bereits aufgezeigt habe, das eigene Handeln, die eigene Person und die eigene Gesellschaft zu hinterfragen und darüber zu reflektieren. Dementsprechend ist auch in dieser literaturdidaktischen Überlegung implizit eine Reflexion des eigenen Standpunktes eingeschrieben. Aus diesem Grund bietet sich ein Blick auf die allgemein didaktische Standpunktreflexivität nach Simon und Fereidooni (2021) an. Das Konzept, welches sich auf die unterrichtliche Praxis bezieht, lässt sich auch auf die gesamte Gesellschaft übertragen. So geht es Simon und Fereidooni zufolge darum, sich darüber bewusst zu sein, dass die Gesellschaft durch ein Machtgefälle strukturiert sei und dass sich eine Person über den eigenen Standpunkt innerhalb des Machtgefälles bewusst sein sollte. Es geht um Fragen wie:

- Wo stehe ich innerhalb der Gesellschaft?
- Mit welchen Privilegien bin ich ausgestattet?
- Warum habe ich diese Privilegien?

Für den schulischen Kontext sei diese Standpunktreflexivität insofern zentral, als diese (ebenso wie eine Gesellschaft) in Machtgefälle strukturiert sei. So beschreiben Fereidooni und Simon, dass alle Personen im Schulsystem in soziale Machtgefüge eingebunden seien (vgl. Fereidooni/Simon 2021: 7). So gebe es beispielsweise unterschiedliche soziale Rollen, kulturelle Prägungen, verschiedene Geschlechter etc. (ebd.). Aus diesem Grund sei es zentral, dass eine Lehrkraft standpunktreflexiv handle, da erst dann eine rassismuskritische Fachdidaktik ermöglicht werde (vgl. ebd.). Auch hier müssen die eigene Person, die Privilegien und das damit einhergehende Machtgefälle hinterfragt werden. Eine Lehrkraft sollte sich demnach bewusst sein, dass sie allein schon aufgrund ihres Berufs mit Macht ausgestattet ist. Allein schon ein Bewusstsein darüber kann dazu führen, dass diese Macht nicht missbraucht wird, sondern verantwortungsbewusst gehandelt wird.

Insgesamt lassen sich die Gedanken der Standpunktreflexivität auf die den Literaturunterricht übertragen. So ist auch hier grundsätzlich wichtig, schon in Bezug auf die Auswahl und den Zugang zu Gegenständen den eigenen Standpunkt als unterrichtende Lehrkraft zu reflektieren. Eine Person mit eigenen Rassismuserfahrungen wird eine gänzlich andere Sicht auf Ausgrenzungsprozesse und Rassismen in Literatur und Medien haben als eine Person ohne derartige Erfahrungen. Zudem ist es auch im Rahmen des Unterrichts sinnvoll, eine solche Standpunktreflexivität auch bei den Schüler:innen herbeizuführen.

Die Unterrichtsplanung nach von Brand soll im Folgenden um den Aspekt der Standpunktreflexion erweitert und ausdifferenziert werden.

6.6 Unterrichtsplanung und methodische Implikationen

Von Brand geht davon aus, dass sich die Schritte der Unterrichtsplanung wechselseitig beeinflussen. Dennoch empfiehlt er ein Vorgehen, welches schrittweise und aufeinander aufbauend erfolgt (von Brand 2018: 25). In Bezug auf rassismussensiblen Literaturunterricht und mit Blick auf die Standpunktreflexivität lässt sich sagen, dass hier insbesondere die wechselseitige Wirkung der einzelnen Stufen zentral ist. Gerade deshalb, weil die Gesellschaft heutzutage divers und postmigrantisch ist, wird es immer wichtiger die Bedingungen der Klasse zu betrachten und nicht nur sonderpädagogische Förderbedarfe, sondern auch kulturelle Prägungen, Machtverhältnisse etc. zu berücksichtigen. Dabei ist bei der Vorbereitung des Literaturunterrichts, wie von Brand darstellt, schrittweise vorzugehen:

I. Gegenstand, Inhalt, Thema (von Brand 2018: 25)

Bei der Auswahl des Gegenstandes beziehe ich mich auf Pfäfflin, da sie Kriterien für die Textauswahl herausgearbeitet hat. So sei bei der Auswahl eines Textes auf Themen wie Selbstfindung, Akzeptanz, Toleranz oder das Problem der Ausgrenzung zurückzugreifen (vgl. Pfäfflin 2010: 41). Außerdem sei es wichtig, dass Grundmuster menschlicher Erfahrungen verarbeitet würden, dass es Möglichkeiten zur Reflexion von Wertefragen gebe und dass die eigene Identitätsentwicklung gefördert würde (vgl. ebd.).

In Bezug auf rassismussensiblen Literaturunterricht ist insbesondere an dem Punkt der Reflexion anzuknüpfen: So ist auch hier die Reflexion von Wertefragen zentral, allerdings sollte diese ergänzt werden und die Literatur sollte auch die Möglichkeit bieten Machtstrukturen und Marginalisierungserfahrungen zu hinterfragen.

Hierbei ist allerdings stets die Asymmetrie zu betrachten. Ewers stellt dar, dass Kinderliteratur eine asymmetrisch Kommunikationssituation zugrundeliege (vgl. Ewers 2012: 86–90). Da die Literatur nämlich von Erwachsenen verfasst und vertrieben wird, liegt schon hier ein Machtgefälle vor. Eine Lehrkraft sollte also schon bei der Auswahl eines Gegenstandes standpunktreflexiv vorgehen und sich ihrer Macht bewusst sein.

II. Bedingungsanalyse (von Brand 2018: 25)

Von Brand stellt hier allgemeine Fragen bzgl. der Lerngruppe. Diese Fragen sind in Bezug auf rassismussensiblen Literaturunterricht zu ergänzen. So konzentriert sich von Brand auf die Fragen „Was bringen die Lernenden mit? Was können/wissen sie schon? Wo liegen die Schwierigkeiten?“ (ebd.) und bleibt damit bei einem rein fachlichen Modus.

Bei den Konzepten antirassistischer Bildungsarbeit werde davon ausgegangen, dass Rassismus in die gesellschaftlichen Verhältnisse eingewoben ist und sich niemand vollständig entziehen könne (vgl. Leiprecht 2018: 255). Wie ich bereits herausgearbeitet habe, leben wir in einer Gesellschaft, die durch ein Machtgefälle und durch eine ungleiche Verteilung von Privilegien strukturiert ist. Insbesondere das Institution Schule und deren Vertreter:innen (also die Lehrkräfte) müssen also standpunktreflexiv handeln. Für den rassismussensiblen Literaturunterricht sind daher Fragen von Bedeutung wie:

- Wie sind die Machtstrukturen innerhalb der Klasse/der Schule?
- Gibt es Kinder die **Schwarz* sind?
- Gibt es Ausgrenzungen innerhalb der Klasse?

III. Sachanalyse (von Brand 2018: 25)

Bei diesem Aspekt fragt von Brand „Wie ist der Gegenstand/Inhalt beschaffen? Welche Besonderheiten hat er?“ (vgl. ebd.) Diese Fragen bieten eine erste Orientierung, könnten aber im Kontext der Rassismussensibilität noch vertiefter betrachtet werden.

- Inwiefern bietet der Gegenstand Identifikationsangebote für Schüler:innen, die **Schwarz* sind?
- Gibt es **Schwarze* Figuren?
- Welche Figuren sind mit Macht ausgestattet?
- Wie sind die Machtstrukturen innerhalb der erzählten Welt?
- Inwiefern bietet der Gegenstand Reflexionsangebote?
- Inwiefern bietet der Gegenstand Aufstörungspotenzial?

IV. Didaktische Analyse (von Brand 2018: 25)

Im Rahmen der didaktischen Analyse fragt von Brand „Welcher Gegenstand/Inhalt ist für die Vermittlung besonders gut geeignet? Wie ist er legitimiert (curricular, gegenwärtige, künftige, exemplarische Bedeutung)? Wie lässt sich der Lernprozess sinnvoll gestalten und strukturieren? Welche Schwerpunkte sollen gesetzt werden?“ (von Brand 2018: 25). Für rassismussensiblen Literaturunterricht lassen sich von Brands Fragen wie folgt ergänzen:

- Wie kann die subjektive Involviertheit und die genaue Wahrnehmung miteinander ins Spiel gebracht werden?
- Inwiefern lässt sich Aufstörungspotenzial nutzen bzw. initiieren?
- Inwiefern lassen sich Reflexionsprozesse bzgl. Machtstrukturen anregen?
- Inwiefern können die Schüler:innen ihren eigenen Standpunkt reflektieren?

V. Lernziele, Kompetenzen (vgl. von Brand 2018: 25)

Bei den Lernzielen gibt es in Bezug auf inklusiven Unterricht das Konzept der Lernzielgleichheit und der Lernzieldifferenz. Für rassismussensiblen Literaturunterricht empfiehlt sich die Lernzielgleichheit. Das zentrale Ziel ist nämlich der Erwerb literarischer Kompetenz. Lernziele sind dabei als Zwischenschritt zu verstehen. Abraham und Kepser stellen dar, dass Lernziele kurzfristig seien (vgl. Abraham und Kepser 2009: 57). Lernziele tragen also dazu bei, dass Kompetenzen erworben bzw. angebahnt werden. Für den rassismussensiblen Literaturunterricht beziehe ich mich auf Spinner. Er stellt dar, dass nicht die angemessene Interpretation zentral sei, sondern dass es um die Fähigkeiten im Umgang mit Texten gehe (vgl. Spinner 2006: 7). Kurz gesagt: Die Hinterfragungshaltung der Schüler:innen, das Zusammenspiel der subjektiven Involviertheit und der genauen Wahrnehmung (vgl. Spinner 2006: 8) und insbesondere die Dekategorisierung sind zentrale Elemente des rassismussensiblen Literaturunterrichts. Aus diesem Grund ist die Lernzielgleichheit zentral. Der rassismussensible Literaturunterricht soll dazu befähigen Werte und Normen zu hinterfragen und einen responsiven Modus einzuüben (vgl. Mitterer 2016). Hierfür ist es nicht sinnvoll die Schüler:innen in **weiß* vs. **Schwarz* zu kategorisieren und unterschiedliche Lernziele zu formulieren, stattdessen soll jede:r Schüler:in auf der Ebene der Handlung zum Hinterfragen kommen. Reflexionsprozesse finden ohnehin auf individueller Ebene statt und spielen für die Lernziele keine Rolle. Darüber hinaus kann so ein kumulativer Kompetenzerwerb stattfinden (vgl. Spinner 2006) und die Kompetenzen, die mittels rassismussensiblen Literaturunterrichts angebahnt werden, können auf andere Gegenstände übertragen werden. Diese Lernzielgleichheit soll nicht dazu führen, dass Sichtweisen normiert werden und so der Standpunktreflexivität entgegengewirkt wird. Insbesondere die Lehrkraft sollte permanent die Spannungen, die das Thema mit sich bringt, beachten und mit Fingerspitzengefühl agieren.

VI. Methodische Analyse (von Brand 2018: 25)

Ergänzend zu von Brands Punkten „Welche Arbeits- und Sozialformen, welche Methoden eignen sich gut für die einzelnen Phasen?“ (von Brand 2018: 25) sollte bei der methodischen Analyse folgende Punkte miteinbezogen werden:

- Welche Arbeits- und Sozialformen tragen zu einer sicheren Arbeitsatmosphäre bei?
- Wie können Triggerpunkte sensibel behandelt werden?

Auch in dieser Phase ist die Standpunktreflexivität von Bedeutung, sodass bei der Auswahl der Methoden kein Ungleichgewicht entsteht. Beispielsweise sollte in Gruppenarbeitsphasen dafür gesorgt werden, dass zwischen den und innerhalb der Gruppen kein Machtgefälle entsteht und insgesamt sollten Methoden gewählt werden, die zu einer offenen Kommunikation beitragen.

Zwischenfazit II

Insgesamt lässt sich festhalten, dass die Standpunktreflexivität nach Fereidooni und Simon bei allen Punkten nach von Brand (2018) sichergestellt werden sollte und darüber hinaus die Machstrukturen und marginalisierte Personengruppen stets zu berücksichtigen sind. Dieses Konzept ist auch für andere Lernsettings und andere Themen zentral, da die Diversität der Klasse immer eine Rolle spielen sollte. Das Konzept sollte allgemein und nicht nur für rassismussensiblen Literaturunterricht herangezogen werden, da es nicht nur explizit für Rassismuskritik, sondern allgemein für jegliche Unterrichtsschritte in unserer postmigrantischen Gesellschaft zentral ist. Ist eine Lehrkraft stets standpunktreflexiv und wählt alle Gegenstände unter genannten Gesichtspunkten aus, so werden alle Schüler:innen berücksichtigt und das Machtgefälle innerhalb des Lernsettings kann zumindest in Teilen reduziert werden. Außerdem wird so der Beutelsbacher Konsens berücksichtigt, dieser findet sich im Leitfaden Demokratiebildung des Bildungsplans für das Land Baden-Württemberg wieder und gilt seit 2016 fächerübergreifend (vgl. dazu Bildungsplan Ba-Wü 2016). Ziel des Beutelsbacher Konsens ist dabei die Befähigung zur Mündigkeit. Schüler:innen soll also keine Meinung übergestülpt werden, sondern sie sollen eigenständig hinterfragen, reflektieren und sich so eine eigene Meinung bilden können. Durch rassismussensiblen Literaturunterricht werden die Kinder also zusätzlich zu Mündigkeit geführt.

7 Didaktische und methodische Implikationen

Schon vorab ist die Standpunktreflexivität nach Fereidooni und Simon (2021) zu erwähnen (vgl. dazu Kapitel 6.5 dieser Arbeit). Ich selbst verorte mich nämlich als **weiß* zu lesende, weibliche Person und habe demnach keinerlei Rassismuserfahrungen gemacht. Insbesondere in Bezug auf meine künftige berufliche Tätigkeit und der damit verbundenen Machtposition und auch in Hinblick auf die Ausführungen im Rahmen dieser Arbeit, ist eine Auseinandersetzung mit Rassismus für mich zentral, da dieser ein wesentlicher Teil in unserer Gesellschaft ist (vgl. dazu Kapitel 2 dieser Arbeit). Schon durch das Bewusstsein über Rassismus und das damit verbundene Machtgefälle, handelt eine Lehrkraft standpunktreflexiv. Darüber hinaus ist diese Standpunktreflexivität auch bei der Auswahl eines literarischen Gegenstandes und bei der Durchführung zentral. Nur so kann rassismussensibles Lernen stattfinden und Machtstrukturen können hinterfragt werden. In Bezug auf die didaktischen Implikationen der drei Medien, habe ich die Standpunktreflexivität stets beachtet und werde aufzeigen, wie rassismussensibles Lernen stattfinden kann, obwohl die von mir ausgewählten Medien Rassismus perpetuieren.

8 Rassismuskritische Kompetenzvermittlung mit „Wie ich Papa die Angst vor Fremden nahm"

In der Analyse des Bilderbuches „Wie ich Papa die Angst vor Fremden nahm" (vgl. dazu Kapitel 3 dieser Arbeit) habe ich herausgearbeitet, dass die Handlung in Teilen innerdiegetisch aufstörend ist. Da dieses Störpotenzial, welches durch das Auseinanderfallen der Bild- und Textebene exponiert wird, sehr offensichtlich ist, kann das Bilderbuch durchaus schon in einer ersten Klasse angewendet werden. Darüber hinaus wäre sogar ein Einsatz im Elementarbereich zu diskutieren. Allerdings möchte ich schon vorab die Grenzen des Bilderbuches erwähnen: Wie ich dargestellt habe, perpetuiert das Ende der Handlung Stereotype und Rassismus. Aufgrund dessen ist ein Einsatz des Buches nur sinnvoll, wenn das Ende kritisch betrachtet wird oder weggelassen wird.

Bei diesem Bilderbuch ist es zentral, dass die Kinder es nicht identifikatorisch wahrnehmen, und dass ein nicht-immersiver Rezeptionsmodus angestrebt wird (vgl. dazu Kapitel 6.3.2 dieser Arbeit). Es geht also zunächst einmal darum, eine gewisse Distanz aufzubauen. Wie ich in Bezug auf den ästhetischen Schonraum dargestellt habe, kann auch ein Zusammenspiel zwischen immersivem und nicht-immersivem rezipieren stattfinden, um einen Zugang zu finden und um kritisch zu hinterfragen. Für dieses Bilderbuch sollte es jedoch bei einem nicht-immersiven Modus bleiben. Deshalb sollte in der konkreten unterrichtlichen Umsetzung eine Inszenierung herbeigeführt werden, dass die Schüler:innen explizit darauf hingewiesen werden, dass es nun etwas zu entdecken gibt. So wird von vornherein ein hinterfragender Modus geschaffen, der dazu führt, dass die Schüler:innen aktiv werden. Da es sich um eine Ich-Erzählerin handelt, die weder Namen und kaum andere Attribute aufweist, ist ohnehin wenig Identifikationspotenzial gegeben. Dadurch ist aber zugleich wenig Alteritätspotenzial gegeben, was dazu führt, dass zumindest keinem Kind der Zugriff verstellt bleibt. Die Erzählinstanz sollte daher genauer betrachtet werden. Hierfür empfehlen sich folgende Leitfragen:

- Wer erzählt die Geschichte?
- Was erfährst du über die Figur, die erzählt?
- Was erfährt du über die Papa-Figur?

Durch die erste Leitfrage bietet sich im Sinne Schilcher und Pissareks die Lenkung der Aufmerksamkeit auf die Vermittlungsebene an (vgl. Schilcher/Pissarek 2018: 324). Durch die weiteren Leitfragen wird die Aufmerksamkeit auf die Vermittlungsebene ergänzt um weitere Merkmale, sodass auch ein implizit und definitiv vorbegrifflich erfolgender machtreflexiver Rezeptionsmodus angebahnt werden kann. Aufgrund der Tatsache, dass im Rahmen des Unterrichts grundsätzlich auch der Konstruktcharakter der erzählten Welt hervorgehoben wird und damit der Fiktionsgehalt prominent gesetzt wird, kann schon in diesem Zuge Spinners Aspekt „Mit Fiktionalität bewusst umgehen" (Spinner 2006: 10) gefördert werden. Wenn darüber hinaus im Rahmen des Unterrichthandelns klar bleibt, dass hier nicht die Realität referenziert wird, wahrt das eine Immersionsdistanz und nutzt damit die Potenziale des von Bernhardt in Bezug auf die Literaturrezeption eingeführten ästhetischen Schonraums.

Das Potenzial des Bilderbuches und der beschriebenen analytischen Herangehensweise liegt aber insbesondere in den evozierten Störmomenten, die ich in der Analyse dargestellt habe (vgl. dazu Kapitel 3 dieser Arbeit). Gansel zufolge können innerdiegetische Störungen Repair- und Careprozesse auslösen (vgl. dazu Kapitel 6.4.1 dieser Arbeit). Bernhardt bezieht das Aufstörungspotenzial auf die Institution der Schule und stellt dar, dass auch nicht aufstörende Texte so aufbereitet werden können, dass sie eben doch aufstören. In dem vorliegenden Bilderbuch liegt zwar eine Störung vor, der Repairprozess ist aber idealisierend und darüber hinaus rassifizierend. Von daher empfiehlt es sich zwar die innerdiegetische Störung zu nutzen, allerdings muss der Repairprozess von der Lehrkraft initiiert werden. Gelingt dies, so kann ein Dritter Raum entstehen, der dann zum Hinterfragen von vermeintlich feststehenden Werten und Normen einlädt.

Um die Schüler:innen zu einem Rezeptionsmodus hinzuführen, der aufstörend ist, sollte in der konkreten Umsetzung die Doppelseite 2–3 bearbeitet werden. Dabei sollte folgende Frage geklärt werden:

Schaue den Text an und dann die Bilder: Inwieweit stimmen die Aussagen der Ich-Erzählerin mit den Bildern überein? Gib Beispiele dafür.

Im weiteren Verlauf sollte dann die Bildebene der Seite 11 gezeigt werden. Wie ich in der Analyse herausgearbeitet habe, stellen sich nämlich die Aussagen der Ich-Erzählerin im weiteren Verlauf als übertrieben heraus. Anhand dieser Szenen könnten die Schüler:innen bereits dafür sensibilisiert werden, dass es zwischen Text- und Bildebene Widersprüchlichkeiten geben kann und im Sinne Schilchers und Pissareks die Vermittlungsebene von Texten als zentral für die Betrachtung eines literarischen Textes erkennen (vgl. Schilcher/Pissark 2018b: 324f.). So kann schon in der ersten Klasse die Stufe II des Kompetenzmodelles angestrebt werden „Homodiegetische Erzähler erkennen, die Perspektivträger sind. Durchschauen, dass deren Sichtweise die Vermittlung der dargestellten Welt prägt und sich von dieser Sichtweise distanzieren können." (ebd.). Wenn die Schüler:innen nämlich wahrnehmen, dass es Brüche und/oder Widersprüchlichkeiten gibt, so fällt es ihnen auch leichter die Erzählinstanz zu hinterfragen. Dieses Hinterfragen führt zwar augenscheinlich noch nicht zu Rassismussensibilität, bahnt aber einen dekonstruktivistischen Blick an. Wie ich im theoretischen Teil dieser Arbeit herausgearbeitet habe, ist dieses Dekonstruieren und Hinterfragen zentral für rassismussenisbles Lernen. Dies veranschauliche ich anhand der nächsten Szene:

Wie ich in der Analyse herausgearbeitet habe, erscheint insbesondere die Doppelseite 6–7 als aufstörend. So liegen hier auf der Textebene starke negativ besetzte Stereotypen gegenüber **Schwarzen* vor, die aber auf der Bildebene nicht bestätigt werden und somit schon dekonstruiert werden. Die innerdiegetische Störung kann nun auf der Rezipient:innenseite behandelt werden. In der konkreten unterrichtlichen Umsetzung könnten hierfür erneut Leitfragen genutzt werden.

- Stimmt das, was der Papa sagt?
- Was siehst du auf den Bildern?
- Was machen die Figuren, die sonst noch zu sehen sind?

Für den Unterricht wäre es allerdings wichtig, die Textstelle im Plenum zu behandeln, um die Schüler:innen im Blick zu behalten und um Trigger zu erkennen. Außerdem kann so verhindert werden, dass es zu unbemerkten rassistischen Aussagen kommt. Des Weiteren sollten konkrete Fragen zu den **Schwarzen* Figuren gemieden werden. Exponiert die Lehrkraft beispielsweise mit den Fragen „Wen meint der Papa mit sie?“ oder „Wer sind denn die Schwarzen“ die Dichotomie zwischen den **weißen* und **Schwarzen* Figuren, so kann dies dazu führen, dass die Thematik in den Klassenraum geholt wird. So würde der ästhetische Schonraum kaputt gehen. Es geht also rein um das Erkennen der Widersprüchlichkeit und um das Dekonstruieren der Aussagen der Erzählinstanz, sodass eine Hinterfragungshaltung angebahnt wird, aber keine zu offensichtliche, indoktrinierende Bearbeitung stattfindet. Mittels der reinen Analyse der Text- und Bildebene kann erneut die Kompetenz „Homodiegetische Erzähler erkennen, die Perspektivträger sind. Durchschauen, dass deren Sichtweise die Vermittlung der dargestellten Welt prägt und sich von dieser Sichtweise distanzieren können.“ (Schilcher/Pissarek 2018b: 324f.) nach Schilcher und Pissarek gefördert werden. Da es sich bei den widersprüchlichen Aussagen um Figurenrede handelt, kann darüber hinaus die Kompetenz „Merkmale der Figuren erkennen und interpretieren“ (vgl. ebd.) und dessen I. Stufe „Merkmale und Funktionen von Figuren erkennen – Charakterisierung über explizite Zuschreibungen und Figurenverhalten unterscheiden können.“ (ebd.) angebahnt werden. Die Schüler:innen erkennen also, dass Literatur keinen Wahrhaftigkeitsanspruch besitzt und dass sie selbst das Potenzial haben Dinge zu hinterfragen. So können schon im Elementarbereich oder in der ersten Klasse Literaturbegenungen stattfinden, der literarästhetisches Lernen fördert und literarische Kompetenz anbahnt und im selben Zuge rassismussensibel ist. Durch das Herausstellen der Widersprüchlichkeit wird das Aufstören auf die Rezipient:innenseite gebracht. Der Repairprozess findet in der darauffolgenden Dekonstruktion mittels der Leitfragen statt. Hierbei wird der ästhetische Schonraum aufrechterhalten und es findet eben keine Überwältigung durch das Aufdrängen der eigenen Meinung statt. Darüber hinaus kann diese Bearbeitung auch zu Empowerment führen. Wie Akue-Dovi herausgearbeitet hat, kann die Thematisierung von Stereotypen schon dazu dienen, dass sich **Schwarze* Schüler:innen empowert fühlen (vgl. Akue-Dovi 2022: 88f.). Mittels der aufgezeigten Arrangements kann somit ein Dritter Raum konstruiert werden und Denkprozesse können angestoßen werden. Wie ich bereits zu Beginn dieses Kapitels erwähnt habe, plädiere ich bei Einsatz des Bilderbuches allerdings für ein Weglassen des Endes, da dieses Rassismus perpetuiert. Darüber hinaus sollte auch der Titel des Bilderbuches außen vorgelassen werden, da von „Fremden" die Rede ist und die Dichotomie zwischen **weißen* und **Schwarzen* Figuren exponiert wird. Stattdessen bietet sich ein Blick auf die aufstörenden, widersprüchlichen Szenen an, die dann dekonstruiert werden und so auf eine implizite Art und Weise die Dichotomie hervorheben.

9 Kritisch hinterfragende Kompetenzvermittlung mit „Bibi Blocksberg – Abenteuer Indien"

Im theoretischen Teil meiner Didaktik habe ich auf Kißlings These Bezug genommen, dass Literatur entweder machtkritisch oder machtaffimierend sein kann. Innerhalb dieses Kapitels möchte ich aufzeigen, inwiefern das Hörbuch „Bibi Blocksberg – Abenteuer Indien!" Potenziale bietet rassismuskritischen Unterricht durchzuführen – obwohl der Text eben nicht machtkritisch konzipiert ist. Außerdem möchte ich an dieser Stelle auf die Beliebtheit des Medienverbunds „Bibi Blocksberg" hinweisen. So ist der KIM-Studie zufolge „Bibi Blocksberg" eines der am häufigsten rezipierten Hörspiele (vgl. KIM-Studie 2022: 22f.) und die Figur „Bibi Blocksberg" fungiert für einige (insbesondere weibliche Kinder) als Vorbild (vgl. ebd.: 20).

Das Hörbuch „Bibi Blocksberg – Abenteuer Indien!" eignet sich für Erst- oder Zweitklässler:innen. Insbesondere in diesem Alter erfreut sich „Bibi Blocksberg" großer Beliebtheit. Außerdem bietet die kleine Hexe Identifikationspotenzial. Sie verreist mit ihren Eltern, lernt einen Jungen in ihrem Alter kennen und löst allerlei Probleme mit Hexerei. Da es sich um ein Hörbuch handelt, können auch Kinder, die noch nicht lesen können oder noch sehr leselangsam sind, einen Zugang finden. Da es sich um rassismussensiblen Literaturunterricht handelt, sollte auch die Standpunktreflexivität betrachtet werden. So fallen nämlich auch die Grenzen des Hörbuchs auf. Die Hauptfigur Bibi bietet insbesondere für **weiß* gelesene, weibliche Kinder Identifikationspotenzial. Wie ich in der Analyse herausgearbeitet habe (vgl. Kapitel 4 dieser Arbeit), ist zwar ein Figurenpanorama gegeben, das verschiedene Charaktere aus verschiedenen Kulturen, mit unterschiedlichem Alter und Geschlecht abbildet, allerdings ist im Rahmen dieses Figurenpanoramas ein deutliches Machtgefälle gegeben. Demzufolge ist kein angemessenes Identifikationsgebot für alle Kinder möglich. Da, wie bereits erwähnt, der Medienverbund überaus beliebt zu sein scheint, halte ich es für besonders sinnvoll, dass das Hörbuch Einzug in den Literaturunterricht findet. Dabei sollte aber darauf geachtet werden, dass für Kinder, deren Muttersprache nicht Deutsch ist, die rein auditive Bearbeitung eines literarischen Gegenstandes, Verständnisprobleme verursachen kann. Das Hörbuch hat aber hier eine Art Zwischenfunktion. Da nämlich nur eine Person vorliest und nicht verschiedene Figuren mit verschiedenen Stimmen miteinander sprechen (wie in einem Hörspiel), gestaltet sich der Einsatz eines Hörbuches auch etwas unproblematischer als der eines Hörspiels. Nichtsdestotrotz sollte in der unterrichtlichen Umsetzung stets auf die Schüler:innen geachtet werden und die Bearbeitung in Phasen untergliedert werden, sodass die Kinder zwischendurch Verständnisfragen stellen und auf einen Stand gebracht werden können.

Wie in der Analyse dargestellt, scheinen nahezu alle Figuren fantastische Elemente aufzuweisen. Aus diesem Grund bietet das Hörspiel durchaus eine Verfremdung. Bibi ist darüber hinaus eine bekannte literarische Figur, die verschiedene Abenteuer erlebt und deren Hexkraft ein Hauptmerkmal darstellt. Da die Verfremdung für rassismussensiblen Literaturunterricht von hoher Bedeutung ist, bietet sich ein unterrichtliches Arrangement an. Wie ich im theoretischen Teil herausgearbeitet habe, bietet sich hierfür das Ein- und Aussteigen an (vgl. Bernhardt 2023b: 29). Für dieses Hörbuch eignet es sich, wenn die Lehrkraft den Titelsong des bekannten Medienverbundes abspielt. Das Einsteigen erfolgt also durch das vertraute musikalische Motiv. So werden bei den Schüler:innen bekannte Assoziationen geweckt und sie wissen, dass es nun um die Hexe „Bibi Blocksberg“ geht. Da es natürlich aber auch sein kann, dass einzelne Schüler:innen keinen Bezug zu dem Medienverbund haben, sollte anschließend kurz geklärt werden, wer Bibi Blocksberg ist. Hierfür könnte die Lehrkraft ein Bild der Hexe an die Tafel hängen. Durch dieses Unterrichtsarrangement wird das didaktische Potenzial des literarästhetischen Gegenstands unterstützt, der nämlich zum Eintauchen einlädt und somit Immersion bzw. subjektive Involviertheit erzeugt. Auch Mitterer setzt voraus, dass sich eine Rezipient:in auf einen literarischen Gegenstand einlassen muss (vgl. dazu Kapitel 6.4.2 dieser Arbeit). Auch in Bezug auf das Hörbuch sollte es nicht bei einem immersiven Rezeptionsmodus stehenbleiben. Es geht also gerade nicht darum, dass die Schüler:innen die erzählte Welt unhinterfragt hinnehmen. Auch die kritische Auseinandersetzung mit dem Hörbuch muss sich im Trilemma des Antirassismus verorten. Der Literaturunterricht zu dem Hörbuch „Bibi Blocksberg – Abenteuer Indien!“ ist dekonstruktivistisch ausgerichtet und wirkt demnach der Normalisierung entgegen. Demzufolge geht es um die Kombination aus dem immersiven und nicht-immersiven Rezeptionsmodus. Wie Akue-Dovi herausgefunden hat, bietet sich hierfür eine Sichtbarmachung der auf Stereotypen basierenden Beschreibungen von Figuren an, da dies zu Empowerment führen kann. Um auf das Trilemma zurückzukommen: Im Rahmen dieser Unterrichtseinheit findet eine Fokussierung auf Stereotype statt, die diese exponiert. Dies kann in einem ersten Schritt nicht dazu führen, dass Normalisierung stattfindet. Da aber auch im realen Leben die Dichotomie zwischen **Schwarz* und **weiß* beständig ist, wäre es überaus kritisch, einen Literaturunterricht durchzuführen, der normalisierend ist. Viel mehr dient der von mir angestrebte Literaturunterricht, im Sinne eines dritten Raums, zu Sichtbarmachung von der Dichotomie und unfairen Machtverhältnissen. Der Literaturunterricht soll also gerade dazu beitragen, dass eine Neuaushandlung von Normen und Werten stattfinden kann (vgl. dazu Kapitel 6.3.1 dieser Arbeit).

Um die stereotypenbildenden Figurenausgestaltungen sichtbar zu machen, bietet sich wie ich in meiner Analyse herausgearbeitet habe, ein Blick auf das Racevoicing an. Im Rahmen der Diegese wird das Racevoicing nicht als Anomalität gekennzeichnet. Wie Bernhardt aber aufzeigt, kann eine Störung auch initiiert werden und so zu Repair- und Care-Prozessen beitragen. In Bezug auf das Racevoicing wäre es daher sinnvoll ein Aufstören zu erzeugen, um dieses dann für einen Repair- oder Care-Prozess zu nutzen. Für die konkrete Umsetzung schlage ich deshalb einen Blick in den gleichnamigen Roman des Hörspiels vor. Ein:e Schüler:in könnte eine Stelle, in der das Racevoicing gar nicht vorkommt vorlesen – im direkten Anschluss könnte nun die selbe Stelle im Hörbuch angehört werden. Die Lehrkraft könnte darauf aufbauend noch nachfragen, inwiefern sich das Hörbuch vom Roman unterscheidet. Zentral ist bei dieser ersten Bearbeitung des Racevoicings aber, dass die Schüler:innen noch keine Vermutungen aufstellen und dass noch keine Wertung vorgenommen wird. Stattdessen soll dieser Schritt als eine Art Denkanstoß gesehen werden, der erst abschließend aufgegriffen werden soll.

Neben der Betrachtung des Racevoicing sollte auch ein Blick auf die Figuren (vgl. dazu Schilcher/Pissarek 2018b: 324f.) geworfen werden. Hierfür bietet sich Spinners Aspekt „Subjektive Involviertheit und genaue Wahrnehmung miteinander ins Spiel bringen“ (Spinner 2006: 8) an. Wie ich gleich zu Beginn meiner Analyse dargestellt habe, stellen die beiden Figuren Bernhard und Bibi ein Oppositionspaar dar. Bernhard handelt explizit egozentrisch und hat konservative Werte. Bibi ist zwar auch eine **weiße* Figur, handelt aber nicht explizit egozentrisch und bietet allein schon über ihr Alter mehr Identifikationspotenzial für Grundschüler:innen. Demzufolge sollte zunächst der Rassismus der Figur Bernhard in den Blick genommen werden. Exemplarisch bieten sich die Szenen an, in denen Bibi offen und vorwärtsgewandt erscheint und Bernhard verschlossen bzw. konservativ. In der methodischen Umsetzung könnte beispielsweise gefragt werden, wie Bibi auf die indischen Figuren reagiert und wie Bernhard reagiert. Hierfür könnte eine Oppositionstabelle genutzt werden, in deren Rahmen Bernhard und Bibi gegenübergestellt werden. Durch Bibi werden die Schüler:innen subjektiv involviert, durch das Einordnen und Gegenüberstellen wird aber auch die genaue Wahrnehmung beachtet. An dieser Stelle bietet sich auch ein Blick auf Mitterers responsive Literaturdidaktik an: Durch die Figur Bibi kann ein Sich-Einlassen auf den Text stattfinden. Durch das Gegenüberstellen der ignoranten Verhaltensweisen von Bernhard und der offenen Art von Bibi kann zudem eine emotionale Ergriffenheit und Nähe zu der Figur Bibi erzeugt werden. Durch das reine Gegenüberstellen, ohne Bewertung, kann darüber hinaus ein reflektierter Umgang angeregt werden. Hofmann arbeitet heraus, dass es bei Mitterers responsiven Literaturdidaktik nicht um die Auflösung einer Krise gehe oder um richtige oder falsche Antworten, stattdessen sei ein reflektierter Umgang zentral (vgl. Hofmann 2023a: 17).

Außerdem kann das Verhalten der Figur Bernhard auch genutzt werden, um im Sinne Bernhardts ein Störmoment zu generieren (vgl. dazu Kapitel 6.4.1 in dieser Arbeit). Wie ich in der Analyse herausgearbeitet habe, erscheint Bernhard auch als stereotypisch deutsch und weist überspitzte Verhaltensweisen auf. Durch eine Charakterisierung der Figur (vgl. dazu Schilcher und Pissarek 2018b: 324f.) und durch die Oppositionstabelle könnte dies deutlich gemacht werden. Insgesamt sollten die Begegnungen mit indischen Figuren beleuchtet werden. Wie dargestellt erweisen sich die indischen Figuren als unterlegen und benötigen die Hilfe der **weißen* Figuren. Hierfür könnten einzelne Szenen beleuchtet werden. Konkrete methodische Fragen wären hierfür:

- Aus welcher Perspektive wird erzählt?
- Wie sind die indischen Figuren?
- Wer ist innerhalb der Handlung die Helfer:in?
- Wem wird geholfen?

In der Analyse habe ich herausgearbeitet, dass der Fakir innerhalb des Hörspiels eine Schlüsselposition hat. So erscheint er zwar zunächst als wenig privilegiert, im Laufe der Handlung wird er aber zum Helfer und sogar Bernhard erkennt ihn als solchen an (vgl. dazu Kapitel 4.4.4 in dieser Arbeit). Diese Stelle bietet sich an, um auf der Rezipient:innenseite für eine Störung zu sorgen. In der methodischen Umsetzung könnte der mit wenig Privilegien ausgestaltete Fakir zunächst betrachtet werden und herausgearbeitet werden, wie dieser innerhalb der Diegese erscheint. Folgende Leitfragen bieten sich hierfür an:

- Wie wird der Fakir von der Erzählinstanz beschrieben?
- Achte insbesondere auf die Beschreibung seines Aussehens
- Was macht der Fakir?

Außerdem sollte geklärt werden, was ein Fakir ist und dass er sich sein Leben selbst so ausgesucht hat. Aufbauend darauf könnte nun betrachtet werden, wie der Fakir Bernhard hilft und vor allem, dass Bernhard diese Hilfe annimmt. Auch hier könnten Leitfragen eingesetzt werden:

- Wer ist die helfende Figur?
- Wem wird geholfen?
- Wird die Hilfe angenommen?

So kann wahrgenommen werden, dass die Begegnung mit dem Fakir innerhalb der Diegese eine Störung darstellt, die dann im Sinne Bernhardts auf die Rezeptionsseite gebracht werden kann. Allein schon durch die Veranschaulichung kann so ein Repairprozess in Gang gebracht werden.

Außerdem sollte die Figur Bibi noch einmal genauer betrachtet werden, so ist zwar schon herausgearbeitet worden, dass Bibi die Oppositionsfigur zu Bernhard ist und in dem Machtgefälle oben steht. Allerdings sollte auch Bibis Verhalten kritisch hinterfragt werden und es sollte nicht bei einem immersiven Identifizieren stehen geblieben werden. Hierfür bieten sich insbesondere die Szenen an, in denen Bibis Hilfe unangemessen erscheint. Wie ich in der Analyse herausgearbeitet habe, ist es nämlich Bibi, die die letzte Lösungsinstanz ist. Für den unterrichtlichen Einsatz könnten diese Szenen angehört werden und dann anhand von Leitfragen analysiert werden. Folgende Leitfragen könnten hierfür Orientierung bieten:

- Wer hat in der Situation geholfen?
- Glaubst du, die indische Figur hat die Hilfe wirklich benötigt?

Wird die Figur Bibi dekonstruiert, kann erneut das Racevoicing betrachtet werden und die zuvor dargestellte Aufstörung kann zu einem Repairprozess führen. An dieser Stelle sollte nun der Zusammenhang zwischen der Machtverteilung und dem Racevoicing aufgedeckt werden. Für die Methodik wäre es hier sinnvoll konkrete Fragen zu stellen, sodass die Stereotypenbildung aufgedeckt wird und im Sinne Akue-Dovis Empowerment stattfinden kann. Fragen wären dabei:

- Welche Figuren sprechen innerhalb des Hörbuches brüchiges Deutsch?
- Welches Bild wird hervorgerufen?

Wird in diesem Zuge die Figur Bibi und die Erzählinstanz hinterfragt, so werden Stereotypenbildungen aufgedeckt und dekonstruiert und es kann, wie bereits erwähnt, sogar Empowerment stattfinden. Zentral ist hierbei aber, dass aufkommende Fragen und insbesondere die Antworten, die gegeben werden, nicht bewertet werden und im Sinne Mitterers und Hofmanns ein reflektierter Umgang stattfindet und eben keine Auflösung der Krise (vgl. dazu Kapitel 6.4.2 in dieser Arbeit und Hofmann 2023: 17). So kann ein dritter Raum geschaffen werden, der es zulässt die entworfene Welt mitsamt ihren Werten und Normen zu hinterfragen. Da gerade nicht über die eigene Person, eigene Erfahrungen und die eigene Lebenswelt gesprochen wird, kann ein Hinterfragen stattfinden. Die Reflexionsprozesse, die sich bestenfalls daran anschließen, sind erstens individuell und zweitens auch privat. Natürlich sollte die Lehrkraft stets offen sein, wenn Schüler:innen über sich selbst sprechen wollen. Jedoch sollte dies niemals erzwungen werden. Findet ein Literaturunterricht statt, der wie ich gerade vorgestellt habe Normen und Werte (der erzählten Welt) hinterfragt und dabei Oppositionsbildungen herausstellt, Immersives und Nicht-Immersives rezipieren miteinander in Verknüpfung bringt (durch das Aufstören und durch Spinners vorgestellten Aspekt), so findet rassismussensibles Lernen statt. Darüber hinaus findet literarästhetisches Lernen statt und literarische Kompetenz wird angebahnt. So kann durch das Behandeln von gesellschaftlichen Themen auch kumulativer Kompetenzerwerb angeregt werden.

Abschließend ist noch auf den Beutelsbacher Konsens zu verweisen (vgl. dazu das zweite Zwischenfazit in dieser Arbeit). Da die von mir beschriebenen didaktischen und methodischen Implikationen stets in einem responsiven Modus durchzuführen sind und es keine Bewertungen gibt und keine richtigen oder falschen Aussagen, wird auch das Überwältigungsverbot bedacht. Die eingesetzte Literatur soll eben nicht dazu dienen den Kindern eine Meinung aufzudrängen, sondern soll die Hinterfragungshaltung der Schüler:innen aktivieren und unterstützen. Dies kann darüber hinaus dazu beitragen, dass die Mündigkeit der Kinder gefördert wird.

10 Aufstörende Kompetenzvermittlung mit „Bibi & Tina – Tohuwabohu Total"

Der Spielfilm „Bibi & Tina – Tohuwabohu Total" eignet sich für Schüler:innen einer dritten oder vierten Klasse, da die handelnden Figuren Bibi und Tina durch den nicht allzu großen Altersunterschied für diese Schüler:innen Identifikationspotenzial bieten. Der Film greift dabei auch Probleme auf, die für Dritt- und Viertklässler:innen bereits von Interesse sind (z. B. das erste Verliebtsein, Pferde, Freundschaft). Das Figurenpanorama bietet also Identifikationspotenzial – allerdings mit der Einschränkung, dass sich wohl eher **weiß* und weiblich gelesene Kinder damit identifizieren können.

Der durch den Film aufgegriffene Medienverbund knüpft außerdem an Rezeptionsinteressen der Schüler:innen an. So ist *Bibi und Tina* der KIM-Studie zufolge auf Platz zwei der beliebtesten Hörspiele und wird demnach häufig privat rezipiert (vgl. KIM-Studie 2022: 22). Da es sich um einen Spielfilm handelt, können auch leselangsame Schüler:innen einen guten Zugang finden. Zusammenfassend lässt sich sagen, dass bereits aufgrund der Rahmenbedingungen der Film auf die Schüler:innen der genannten Altersgruppe eine fesselnde und einnehmende Wirkung haben kann – ein Eintauchen in die Geschichte (Immersion) ist demzufolge gut möglich.

Dennoch sind auch die Grenzen des Spielfilms zu erwähnen: Möglicherweise ist es für Kinder, die sprachliche Schwierigkeiten haben, herausfordernd, die Sprache und somit auch die Handlung nachzuvollziehen. Außerdem könnte der Film insbesondere bei Schüler:innen, die selbst Fluchterfahrungen gemacht haben oder die selbst **Schwarz* sind, negative Reaktionen auslösen und in der Bearbeitung eine große emotionale Herausforderung darstellen. Aus diesem Grund ist eine große Sensibilität der Lehrkraft bei der Durchführung unbedingt erforderlich. Insgesamt ist darauf zu achten, dass Schüler:innen, die selbst von Rassismus betroffen sind, beachtet werden, da innerhalb des Filmes die **weiße* Perspektive zentral ist (vgl. dazu Bernhardt/Tönsing 2023: 256).

Da es hier um problemorientierten Literaturunterricht geht, ist an dieser Stelle das dafür bedeutsame Konzept der Verfremdung in den Blick zu nehmen: Wie bereits in der Analyse erwähnt handelt es sich bei „Bibi und Tina" um einen Realfilm, dessen Figuren durch menschliche Schauspieler:innen verkörpert werden (vgl. dazu Kapitel 5 dieser Arbeit). Dabei liegt ein Realitätsbezug dadurch vor, dass die Handlung zumindest in Teilen mit dem Verhalten von Menschen aus der extradiegetischen Wirklichkeit übereinstimmt. Zudem gibt es Passagen innerhalb des Spielfilms, die explizit auf die extradiegetische Welt anspielen (vgl. Kapitel 5.6 dieser Arbeit). Dennoch ist durch das Medium Film eine Verfremdung gegeben: Die Figuren Bibi und Tina sind bekannte literarische Figuren, Bibi löst Probleme mit Hexerei und das Schloss mitsamt dem Wald und dem Fluss stellt gewissermaßen einen abgeschlossenen Raum dar. Außerdem handelt es sich um einen Musical-Film – tritt ein Problem auf, wird gesungen. Die Alltagskommunikation wird somit durch das Singen verfremdet und in einem entautomatisierten Kontext dargestellt. Im Übrigen sind die meisten Figuren sehr überspitzt gezeichnet, was Komik erzeugt (vgl. dazu Bernhardt 2023c). Dies kann zu einer Distanzerzeugung führen. Insgesamt liegt daher ein verfremdeter medialer Gegenstand vor, der einen ästhetischen Schonraum für kindliche Rezipient:innen bieten kann. Auch hier empfiehlt sich das Ein- und Aussteigen in die fiktionale Welt, welches hier durch das Setting des Spielfilms beispielsweise in Form von der Titelmelodie bereits gegeben ist. Das Einsteigen in die fiktionale Welt ermöglicht somit ein immersives Erleben, dieses wird jedoch durch den Akt des Einsteigens und auch des späteren Aussteigens bewusst gemacht und erzeugt so eine Distanz zur extradiegetischen Realität. Dadurch erfolgt zugleich eine Förderung von Spinners Aspekt „Subjektive Involviertheit und genaue Wahrnehmung miteinander ins Spiel bringen." (Spinner 2006: 8) Indem nämlich der Wechsel zwischen immersivem und nicht-immersivem, kritisch-wahrnehmendem Modus den Schüler:innen bewusst gemacht wird, kann diese Kompetenz angebahnt werden.

Methodisch wäre als Start der Einheit denkbar, dass zuerst ein Bild der Zeichentrickfiguren Bibi und Tina gezeigt würde, um auf die bekannte Hörspielserie zu verweisen und Vertrautheit bei den Kindern zu wecken. Darauf aufbauend könnte ein Ausschnitt des Spielfilms gezeigt werden, mit der klaren Anmoderation, dass es sich hierbei um eine Verfilmung handelt. In einem ersten Schritt könnten die Schüler:innen nun die Attribute der Figuren herausarbeiten.

- Welche Merkmale haben Bibi und Tina?
- Vergleiche Bibi und Tina aus dem Film mit den Zeichentrickfiguren.
- Welche Unterschiede sind zu erkennen?

Insgesamt ist das Figurenpanorama zu betrachten. Welche Figuren sind mit Macht und Privilegien ausgestattet und welche Figuren sind hierarchisch niedriger gezeichnet? Dies könnte auf der einen Seite über die Kleidung und über das Verhalten erfolgen und in einem nächsten, konkreteren Schritt über die genaue Sprachbetrachtung. Insbesondere das Racevoicing sollte hierbei fokussiert werden. Exemplarisch könnte Adea dafür in zwei verschiedenen Situationen gezeigt werden – einmal zu Beginn in einer Szene, in der Racevoicing betrieben wird und einmal in einer Szene, in der kein Racevoicing vorliegt. So würde sichtbar werden, dass die Figur den Sprachgebrauch beherrscht und nur im Rahmen einer Anfangsszene der Diegese mit Akzent spricht. In einem Zwischenschritt sollten nun alle Figuren betrachtet werden.

- Welche Figuren sprechen fließend Deutsch und welche Figuren sprechen mit Akzent?
- Welche Figuren sind mit Macht und Privilegien ausgestattet und welche Figuren werden innerhalb der Diegese hierarchisch unterlegen gezeichnet?

Als unterrichtliche Umsetzung würde sich hierfür eine Oppositionstabelle anbieten. So würde deutlich werden, dass die Figuren, die mit Akzent sprechen, auch die Figuren sind, die auf der Machtachse als unterlegen gezeichnet sind. Nun sollte wieder Adea fokussiert werden. Im Unterrichtsgespräch könnte nun das Phänomen Racevoicing besprochen werden und geklärt werden, was Racevoicing ist. Außerdem würde es sich an dieser Stelle anbieten über Stereotype zu sprechen. Wie in der Analyse herausgearbeitet, basieren die Beschreibungen über die Figuren auf Stereotypen. Allerdings werden diese Stereotypisierungen innerhalb der Diegese nicht hinterfragt und wirken somit nicht aufstörend.

Störungen können aber, so Gansel, eingeschliffene Denk- und Verhaltensmuster aufbrechen und Neuerungen in Gang bringen (vgl. Kapitel 6.4.1 dieser Arbeit). Gansel bezieht sich dabei allerdings lediglich auf diegetisch inszenierte Störungen mit einem vorgeführten Repairprozess, der aber im vorliegenden Film nicht gegeben ist. Liegen in einem Text Störungen vor, die diegetisch nicht als solche markiert werden, bestünde laut Bernhardt dennoch die Möglichkeit diese Störungen in die Rezeption einzubringen. Hierfür sei es zentral, dass die Rezipient:innen erkennen, dass bestimme Darstellungsweisen nicht natürlich, beliebig oder zufällig seien, sondern dass es sich um spezifische Konstrukte mit einer eingeschriebenen Wertung handle. Bernhardt pointiert, dass die Wahrnehmung dieser Konstrukte dazu führe, dass bei den Rezipient:innen eine Irritation entstehe (vgl. Bernhardt/Tönsing 2023 und Kapitel 6.4.1 dieser Arbeit) und dass so ein Lernprozess angestoßen werde.

Wie ich im theoretischen Didaktik-Teil dargestellt habe, kann dieses zur Hand genommen werden, um den literarischen Gegenstand zu verorten und um dann standpunktreflexiv im Sinne Fereidoonis und Simons (2021) zu handeln (vgl. Kapitel 6.5 dieser Arbeit). Außerdem ist erneut der Fokus auf das Konzept Empowerment sinnvoll: Wie Akue-Dovi empirisch herausgefunden hat, kann durch eine reflektierte Auseinandersetzung mit den auf Stereotypen basierten Beschreibungen von Figuren eine spezifische Form des Empowerments stattfinden (vgl. Kapitel 6.5 dieser Arbeit). In Bezug auf das Trilemma und das Empowerment dient die Hinterfragung des Figurenpanoramas, des Racevoicings und die damit einhergehende Sichtbarmachung von Stereotypen (mittels einer Oppositionstabelle) dazu, im Sinne Akue-Dovis Empowerment möglich zu machen.

Zudem sollte die Zwischenstellung der Figur Adea beleuchtet werden, so wird sie im Verlauf der Handlung immer privilegierter gezeichnet und assimiliert mit den Werten von Bibi und Tina. Insgesamt muss die Lehrkraft in Bezug auf die Thematisierung des Racevoicing (im Sinne Schenkers) aber sehr sensibel sein. Wie ich bereits dargestellt habe, handelt es sich bei dem System einer Schule und einer Unterrichtsklasse um ein System, welches durch ein Machtgefüge kategorisiert ist. Deshalb ist es zentral, dass die Lehrkraft sowohl bei der unterrichtlichen Vorbereitung als auch bei der Durchführung in der Klasse dieses Machtgefüge im Blick behält und standpunktreflexiv im Sinne

Fereidoonis und Simons (2021) handelt. Gibt es also beispielsweise Kinder in der Klasse, die selbst mit starkem Akzent sprechen, so ist Vorsicht geboten, da die Thematisierung verletzend sein kann. Da eine Nicht-Thematisierung von Racevoicing bei diesem Gegenstand aber sehr problematisch ist, sollte dieser nur eingesetzt werden, wenn auch das Racevoicing thematisiert wird.

Um die Dekonstruktion des Filmes fortzuführen und um somit auch Empowerment zu erlangen, könnte in einem weiteren Schritt die vorliegenden semantischen Ordnungen herausgearbeitet werden (vgl. Schilcher/Pissark 2018b: 324f.). Wie ich in der Analyse dargestellt habe, liegt dem gesamten Film eine semantische Ordnung zu Grunde und die Figuren sind opponierend konstruiert. Exemplarisch bietet sich für die hier anvisierte Thematisierung die Szene an, in der Bibi und Tina Adea ertappen und sich anschließend vorstellen. In der konkreten unterrichtlichen Umsetzung könnte mittels einer Tabelle, in der die Gegensätze gegenübergestellt werden, die Oppositionen zwischen den Figuren Bibi und Tina versus Adea herausgearbeitet werden und eine erste Sensibilisierung für das Machtverhältnis zwischen den Figuren stattfinden. Eine solche Tabelle könnte entweder jede:r Schüler:in für sich selbst machen oder sie könnte gemeinsam im Plenum erstellt werde. Didaktisch gesehen würde durch das Aufdecken der machtaffimierenden Strukturen auch die Dichotomie zwischen **Schwarz* und **weiß* herausgearbeitet, was insgesamt zu einer Hinterfragungshaltung führen könnte.

Um diese Dichotomie und die damit einhergehende Machtachse noch deutlicher zu machen, bietet sich darüber hinaus erneut der Aspekt von Spinner an: „Subjektive Involviertheit und genaue Wahrnehmung miteinander ins Spiel bringen." (Spinner 2006: 8) In der konkreten unterrichtlichen Umsetzung könnte hierfür die Oppositionstabelle erweitert werden, indem im Anschluss die Fluchtszene, die aus Bibi und Tinas Perspektive geschildert bzw. gesungen wird, betrachtet wird.

Um die subjektive Involviertheit und die genaue Wahrnehmung der Schüler:innen miteinander ins Spiel zu bringen (vgl. ebd.) und um von einem immersiven zu einem nicht-immersiven Modus zu kommen, bietet sich neben den bereits beschriebenen aufstörenden Szenen auch ein Blick auf die Songs an. Die Songs regen einen immersiven Modus an, sorgen für Ohrwürmer und fungieren als Problemdarstellungsweise. Innerhalb der Handlung führen sie sogar Lösungen herbei. Diese Wirkung sollte mit den Schüler:innen besprochen werden, um von dem immersiven Modus zu einem nicht-immersiven, hinterfragenden Modus zu gelangen.

Hierfür eignet sich beispielweise die Betrachtung von emotionslenkenden Elementen innerhalb der Songs.

- Beschreibe die Melodie des Songs. Klingt sie für dich fröhlich oder traurig?
- Vergleiche das mit dem Text.
- Welche Stimmung löst der Song bei dir aus?
- Passt das, was du siehst zu dem, was du hörst?

Als nächstes könnte der Film dazu gezeigt werden: Adea schläft ein, Bibi und Tina singen das Lied und Ausschnitte aus Adeas Flucht sind zu sehen. Nun könnte die Wirkung des Songs mit den Ereignissen des Spielfilms verglichen werden. Die Schüler:innen erkennen nun möglicherweise, wie die Machtachsen verteilt sind und weshalb es fragwürdig ist, dass Adea nicht selbst von ihrer Flucht berichtet, sich aber auch nicht komplett entziehen kann, da sie zu sehen ist. Dazu bieten sich für die unterrichtliche Praxis Leitfragen an:

- Wessen Geschichte wird erzählt?
- Wer erzählt die Geschichte?
- Wie wird die Geschichte erzählt?
- Warum erzählt Adea die Geschichte nicht selbst?

An dieser Stelle ist zunächst die Figur „Bibi" zu betrachten. Anhand der Charakterisierung dieser Figur kommt erneut die Standpunktreflexivität nach Fereidooni und Simon (2021) zum Tragen. So ist auch im Rahmen eines literarischen Filmes darauf zu achten, inwiefern ein Machtgefälle vorliegt und welcher Standpunkt einzelnen Figuren innewohnt. Bibis Perspektive wird innerhalb der Handlung als zentral gesetzt. Wie in der Analyse herausgearbeitet, ist es nämlich Bibi, die insgesamt mit mehr Wissen ausgestattet ist und die Situationen bewältigt (z. B. durch Hexerei oder durch Gesang). Bibis Sichtweise und ihr Handeln sind dabei symptomatisch für die **weiße*, privilegierte Perspektive.

So können die Schüler:innen wahrnehmen, dass es stets Bibis **weiße* Perspektive ist, die fokussiert und als zentral gesetzt wird. Dieser Punkt ist aus zwei Gründen zentral für den unterrichtlichen Einsatz des Filmes:

1. Innerhalb der Diegese wird Bibis Sichtweise als absolut gesetzt. Bibi ist für viele Kinder eine Heldin. Sie kann hexen, ist eine treue Begleiterin in Kinderzimmern und wird innerhalb des Medienverbundes stets als positiv gezeichnet.
2. Das Demaskieren dieser Hierarchisierung führt erst dazu, dass eine Auseinandersetzung mit dem Rassismus stattfinden kann. Es sind Bibi und die erzählte Welt, über die gesprochen wird – die Schüler:innen müssen also nicht über sich selbst sprechen, sondern decken die rassistischen Strukturen innerhalb des Textes auf – obwohl der Spielfilm in Teilen sehr nah an extradiegetischen Lebenswelt ist, kann so über die Stereotype, das Racevoicing etc. gesprochen werden.

Resümierend lässt sich sagen, dass der Spielfilm „Bibi und Tina Tohabawoho total!“ durchaus Potenzial bietet, um literarästhetisches Lernen stattfinden zu lassen. Die dargestellte Welt bietet einerseits Identifikationspotenzial und lädt zum Sich-Einlassen ein. Außerdem kann im Sinne Bernhardts, ein Bewusstsein für die „Konstruiertheit gesellschaftlicher Normen und Regeln“ (Bernhardt 2022: 234) herbeigeführt werden und so auch ein Hinterfragen stattfinden. Dies liegt insbesondere an der Rolle der Musik, an den starken Stereotypisierungen und an der **weißen* Perspektive der Figur Bibi. Zentral ist aber, dass der Spielfilm auf einen immersiven Modus ausgelegt ist und die hinterfragenden Arrangements durch die Lehrkraft erst angeregt werden müssen. Gelingt dies, so entsteht ein Dritter Raum, der dann die Möglichkeiten bietet, gesellschaftliche Strukturen sichtbar zu machen und eben auch zu hinterfragen. Da es sich bei dem Medienverbund „Bibi und Tina“ um eine beliebte und häufig rezipierte Serie handelt, empfiehlt sich eine Thematisierung in der Schule, sodass die Kinder auch für den privaten Kontext sensibilisiert werden und einüben, sich aufstören zu lassen. Dies würde bestenfalls dazu führen, dass ein kumulativer Kompetenzerwerb nach Spinner angebahnt werden könnte.

11 Ausblick

Die Betrachtungen erweisen sich als hochgeradig anschlussfähig an kulturwissenschaftliche Forschung der Gegenwart und an die aktuellen gesellschaftlichen Herausforderungen in unserer postmigrantischen Gesellschaft. So werden insbesondere in dem Hörbuch „Bibi Blocksberg – Abenteuer Indien!“ und in dem Spielfilm „Bibi & Tina Tohuwabohu Total“ die Perspektiven der **weißen* weiblichen Figuren ausgestaltet. Dabei erscheinen diese als stereotypenbildend. Aus diesem Grund wäre ein Blick auf die konstruierten weiblichen Figuren anregend. Darüber hinaus wäre es sicherlich auch aufschlussreich, die Verschränkung von Rassismus- und Genderperspektiven zu ermitteln und eine Ausweitung um die intersektionale Perspektive vorzunehmen. Insbesondere das Trilemma des Anti-Rassismus könnte noch konkreter für die unterrichtliche Praxis diskutiert werden und die intersektionale Verschränkung von machtkritischen Phänomenen sollte beleuchtet werden. Außerdem wäre ein Blick auf andere literarische Medien (wie beispielsweise ein Gedicht) interessant und auch Schul- und Lesebücher könnten begutachtet werden, um die Frage zu verfolgen, inwiefern solche Materialien machtkritisch konzipiert sind. Hierbei könnte eine kritische Analyse insbesondere von Lesebüchern gewinnbringend sein, um diese Materialien kritisch auf ihre Standpunktreflexivität hin einzuordnen.

Schließlich wäre eine transmediale Betrachtung der behandelten Medienverbünde unter besonderer Berücksichtigung ihres seriellen Charakters anschlussfähig für eine rassismuskritische Lektüre. Ein Desiderat stellt darüber hinaus eine fächerübergreifende Verbindung dar: So könnten Literatur- und Politikunterricht gemeinsame Perspektiven einer demokratisch orientierten Bildung entfalten.

Literaturverzeichnis

Primärmedien

BUCK, DETLEV (2017): „Bibi & Tina Tohuwabohu Total" [Spielfilm im Musicalstyle]. Berlin: DCM. Auflistung der Schauspieler:innen URL: https://www.bibiundtina.de/machmit/news/bibi-tina-tohuwabohu-total (letzter Zugriff: 15.12.2023).

RIEDL, DORIS (2017): „Bibi Blocksberg. Abenteuer Indien!" [Hörbuch]. Gesprochen von Wilke, Alexandra Maria. Berlin: KIDDINX Studios GmbH. URL: https://open.spotify.com/intl-de/album/0hj4LJ9aW8u7k35d5Xbfwu (letzter Zugriff: 15.12.2023).

SCHAMI, RAFIK/KÖNNECKE OLE (2023): *Wie ich Papa die Angst vor Fremden nahm.* München: Hanser.

Sekundärliteratur

ABRAHAM, ULF/KEPSER, MATTHIS (2016): *Literaturdidaktik Deutsch. Eine Einführung.* Berlin: Erich Schmidt.

AKUE-DOVI, ADOLÉ (2022): *Kindermedien und Rassismuskritik, Wie Schwarze Kinder die Reproduktion von Rassismus in TKKG-Hörspielen wahrnehmen.* Wiesbaden: Springer VS.

ALEXOPOULOU, MARIA (2023): „Rassismus als Leerstelle der deutschen Zeitgeschichte." In: *Nationaler Diskriminierungs- und Rassismusmonitor (Hg.): Rassismusforschung I. Theoretische und interdisziplinäre Perspektiven.* Bielefeld: transcript, S. 23–56.

ALEXOPOULOU, MARIA (2022): „Rassismus als Praxis der langen Dauer." In: Rat für Migration. Debatte 2021. Band 2. Online verfügbar unter: www.rat-fuer-migration.de/debatten (letzter Zugriff: 15.12.2023), S. 4–16.

ARD (2023): „ARD: Gemeinsam sind wir Vielfalt. Diversity-Tag der Charta der Vielfalt in der ARD am 23. Mai 2023." URL: https://www.ard.de/die-ard/ARD-Diversity-Tag-Gemeinsam-sind-wir-Vielfalt-100/ (letzter Zugriff: 15.12.2023).

ARNDT, SUSAN (2020): „Rassen gibt es nicht, wohl aber die symbolische Ordnung von Rasse. Der Racial Turn als gegennarrativ zur Verleugnung und Hierarchisierung von Rassismus." In: Eggers, Maureen Maisha/Kilomba, Grada/Piesche, Peggy/Arndt, Susan (Hg.): *Kritische Weißseinsforschung in Deutschland. Mythen, Masken und Subjekte.* 4. Aufl. Münster: Unrast, S. 340–362.

BAUM, MICHAEL (2019): *Der Widerstand gegen Literatur. Dekonstruktive Lektüren zur Literaturdidaktik.* Bielefeld: transcript.

BECK, NATALIE/BERNHARDT, SEBASTIAN (2022): „Heinrich will brüten!" In: KinderundJugendmedien.de. URL: https://www.kinderundjugendmedien.de/kritik/bilderbuchkritiken/6608-thumser-anette-text-renger-nikolai-bild-heinrich-will-brueten (letzter Zugriff: 15.12.2023).

BELLU, ANDREA/BELLU, MATEI/TSIANOS, VASSILIS (2023): „Zwischen Rassismus und race: (Post-)Strukturalistische Ansätze in der Rassismusforschung." In: Nationaler Diskriminierungs- und Rassismusmonitor (Hg.): *Rassismusforschung I. Theoretische und interdisziplinäre Perspektiven.* Bielefeld: transcript, S. 57–100.

BERNHARDT, SEBASTIAN (2022a): „Fluchterfahrungen im Literaturunterricht der Primarstufe." In: Funk, Caroline/Ansari, Christine (Hg.): *Narrative der Flucht. Medienwissenschaftliche und didaktische Perspektiven.* Berlin: Peter Lang, S. 155–180.

BERNHARDT, SEBASTIAN (2022b): „Ein didaktisch orientiertes Modell der Hörspielanalyse, Medienwissenschaftliche und -didaktische Perspektivierung am Beispiel von *Thabo. Detektiv und Gentleman – Der Nashorn Fall.*" In: Lehnert, Nils/Schenker, Ina/Wicke, Andreas (Hg.): *Gehörte Geschichten. Phänomene des Auditiven.* Berlin: de Gruyter, S. 255–267.

BERNHARDT, SEBASTIAN (2023a): *Literarästhetisches Lernen im Ausstellungsraum. Literaturausstellungen als außerschulische Lernorte für den Literaturunterricht.* Literaturdidaktik und literarische Bildung. Bd. 4. Bielefeld: transcript.

BERNHARDT, SEBASTIAN (2023b): „Spielerische Rezeption von Kinderliteratur. Wie Spiel und literarisches Lernen einander (nicht nur) im Elementar- und Primarbereich bereichern können." In: Bernhardt, Sebastian/Dichtl, Eva-Maria: *Frühkindliches Spiel und literarische Rezeption. Perspektive der Kindheitspädagogik und der Literaturdidaktik.* Berlin: Frank & Timme, S. 17–38.

BERNHARDT, SEBASTIAN (2023c): „Komik in den TKKG junior-Hörspielen und deren Potenziale für die Anbahnung literarästhetischer Lernprozesse." In: König, Nicola/

Standke, Jan (Hg.): *Was gibt es da noch zu lachen? Komik in Texten und Medien der Gegenwartskultur in literaturdidaktischer Perspektive*, Trier: WVT, S. 221–234.

Bernhardt, Sebastian (2024): „Auditive Serialität als Möglichkeit zur Dekonstruktion machtaffirmierender Strukturen im Literaturunterricht ab Klasse 4." In: Kißling, Magdalena/Tönsing, Johanna (Hg.): *Einfach aussortieren? Machtaffirmierende Erzählwelten zwischen Zumutbarkeit und Verletzung in der literaturdidaktischen Diskussion.* Berlin: Frank & Timme, S. i. V.

Bernhardt, Sebastian/Tönsing, Johanna (2023): „Über die gegenwartsliterarische Dekonstruktion kolonialer Blicke im Menschenzoo am Beispiel von *An den Ufern des Orowango (2023).*" In: Bernhardt, Sebastian (Hg.): *Frank Maria Reifenbergs Werke im literaturdidaktischen Fokus.* Berlin: Frank & Timme, S. 233–264.

Bhabha, Homi K. (1994): *The location of culture.* London/New York.

Bildungspläne Baden-Württemberg (2016): „Bildung für Toleranz und Akzeptanz von Vielfalt (BTV)." In: Ministerium für Kultus, Jugend und Sport Baden-Württemberg. URL: https://www.bildungsplaene-bw.de/,Lde/LS/BP2016BW/ALLG/LP (letzter Zugriff 15.12.2023).

Blanchard, Pascal et al. (2012): *Menschenzoos. Schaufenster der Unmenschlichkeit; Völkerschaeun in Deutschland, Österreich, Schweiz, UK, Frankreich, Spanien, Italien, Japan, USA.* Hamburg: Les éditions du Crieur Public.

Boger, Mai-Anh (2016): „The Trilemma of Anti-Racism." In: Dada, Anum/Kushal, Shweta: *Whiteness Interrogated.* Oxford: Inter-Disciplinary Press. S. 79–87.

Bönnighausen, Marion/Heynitz, Martina von (2020): „Staunen und Irritation im Kontext ästhetischer Erfahrung." In: Freudenberg, Ricarda/Lessing-Sattari, Marie (Hg.): *Zur Rolle von Irritation und Staunen im Rahmen literarästhetischer Erfahrung. Theoretische Perspektiven, empiriebasierte Beobachtungen und praktische Implikationen.* Positionen der Deuschdidaktik. Bd. 11. Berlin: Peter Lang.

bpb, Social Media Redaktion (2023): „Internationaler Tag gegen Rassismus. Deine tägliche Dosis Politik." URL: https://www.bpb.de/kurz-knapp/taegliche-dosis-politik/519314/internationaler-tag-gegen-rassismus/ (letzter Zugriff: 15.12.2023).

Bundeszentrale für politische Bildung (2022): *Grundgesetz für die Bundesrepublik Deutschland.* Bonn: bpb.

Eggers, Maureen Maisha (2020): „Rassifizierte Machtdifferenz als Deutungsperspektive in der Kritischen Weißseinsforschung in Deutschland." In: Eggers, Maureen Maisha/Kilomba, Grada/Piesche, Peggy/Arndt, Susan (Hg.): *Kritische*

Weißseinsforschung in Deutschland. Mythen, Masken und Subjekte. 4. Aufl. Münster: Unrast, S. 56–72.

Eke, Norbert Otto (2014): „‚Was ist. Spielen wir weiter?' Praktiken der Entautomatisierung im Theater Heiner Müllers." In: Brauerhoch, Antette/Eke, Norbert, Otto/Wieser, Renate/Zechner, Anke (Hg.): *Entautmatisierung.* Paderbron: Fink, S. 265–279.

Ewers, Hans-Heino (2012): *Literatur für Kinder und Jugendliche. Eine Einführung.* Paderborn: Wilhelm Fink.

Fereidooni, Karim/Simon, Nina (2021): „Rassismus(kritik) und Fachdidaktiken – (K)ein Zusammenhang? – Einleitende Gedanken." In: dies. (Hg.): *Rassismuskritische Fachdidaktiken, Theoretische Reflexionen und fachdidaktische Entwürfe rassismuskritischer Unterrichtsplanung.* Wiesbaden: Springer VS, S. 1–9

Foroutan, Naika (2020): „Rassismus in der postmigrantischen Gesellschaft." In: *bpb: Aus Politik und Zeitgeschichte. (Anti-)Rassismus.* 42–44/2020, S. 12–18.

Froese, Judith/Thym, Daniel (2022): „Vorwort." In: dies. (Hg.): *Grundgesetz und Rassismus.* Tübingen: Mohr Siebeck, S. o. A.

Gansel, Carsten (2015): „Störungen in (Kinder- und Jugend-)Literatur und Medien." In: *kjl&m extra 15*, S. 15–28.

Genette, Gérard (2010): *Die Erzählung.* 2. Aufl. Paderborn: Wilhelm Fink.

Geulen, Christian (2023): „Geschichte des Rassismus." In: *Bundeszentrale für politische Bildung.* URL: https://www.bpb.de/themen/rassismus-diskriminierung/rassismus/520683/geschichte-des-rassismus/ (letzter Zugriff: 15.12.2023).

Hall, Stuart (1990): „Cultural Identity and Diaspora." In: Rutherford, Jonathan (Hg.): *Identity. Community, Culture, Difference.* London: Lawrence&Wishart, S. 222–237.

Hall, Stuart (2016): *Rassismus und kulturelle Identität. Ausgewählte Schriften 2.* Hamburg: Argument.

Hofmann, Michael (2023a): „Unheimlich kanonisch. Neue literaturdidaktische Zugänge zu Goethes *Erlkönig.*" In: Thielking, Sigrid/Hofmann, Michael/Esau, Miriam (Hg.): *Neue Perspektiven einer kulturwissenschaftlich orientierten Literaturdidaktik.* Bd. 1 der Reihe Studien zu einer kulturwissenschaftlich orientierten Literaturdidaktik. Würzburg: Könighausen & Neumann, S. 17–32.

Hofmann, Michael (2023b): „Unzuverlässiges Erzählen als Herausforderung der Literaturdidaktik. Konzeptionelle Überlegungen mit Bezug auf Heinrich von Kleists *Verlobung in St. Domingo.*" In: Bernhart, Sebastian/Henke, Ina (Hg.): *Erzähltheo-*

rie(n) und Literaturunterricht. Verhandlung eines schwierigen Verhältnisses. Berlin: J.B. Metzler, S. 87–101.

Horchler, A./Buttler, M./Schwarte, G./Windloff, A. (2017): „Wie Obama die USA veränderte. Yes, he could?" In: *Deutschlandfunk Kultur*. URL: Wie Obama die USA veränderte – Yes, he could? (deutschlandfunkkultur.de) (letzter Zugriff: 15.12.2023).

Jäger, Ludwig (2004): „Störung und Transparenz. Skizze zur performativen Logik des Medialen." In: Krämer, Sybille (Hg.): *Performativität und Medialität.* München: Wilhelm Fink, 35–73.

KIM-Studie (2022): „Kindheit, Internet, Medien. Basisuntersuchung zum Medienumgang 6-13-jähriger." In: Medienpädagogischer Forschungsverbund Südwest. URL: https://www.mpfs.de/studien/kim-studie/2022/ (letzter Zugriff: 15.12.2023).

Kißling, Magdalena (2020): *Weiße Normalität. Perspektiven einer postkolonialen Literaturdidaktik.* Bielefeld: Aisthesis.

Krah, Hans (2016): „Gender, Kinder- Jugendliteratur und analytische Praxis. Grundlagen und Methodik." In: Müller, Karla/Decker, Jan-Oliver/Krah, Hans/Schilcher, Anita (Hg.): *Genderkompetenz mit Kinder- und Jugendliteratur entwickeln. Grundlagen – Analysen – Modelle.* Baltmannsweiler: Scheider Hohengehren, 45–64.

Lutz, Helma/Leiprecht, Rudolf (2022): „Über die Multiplizität von Rassismus." In: Rat für Migration. Debatte 2021. Bd. 2. URL: www.rat-fuer-migration.de/debatten (letzter Zugriff: 15.12.2023), S. 27–32.

Mecheril, Paul/Melter Claus (2009a): „Rassismustheorie und -forschung in Deutschland. Kontur eines wissenschaftlichen Feldes." In: Melter, Claus/Mecheril, Paul (Hg.): *Rassismuskritik. Bd. 1: Rassismustheorie und -forschung.* Schwalbach: Wochenschau, S. 13–25.

Mecheril, Paul/Melter Claus (2009b): „Rassismus und ‚Rasse'." In: Melter, Claus/Mecheril, Paul (Hg.): *Rassismuskritik. Bd. 1: Rassismustheorie und -forschung.* Schwalbach: Wochenschau, S. 39–58.

Mega, Laura F. (2018): „Wie Gender (auch) im Labor konstruiert und naturalisiert wird. Ein Fallbeispiel." In: Bauer, Gero/Ammicht Quinn, Regina/Hotz-Davis, Ingrid (Hg.): *Die Naturalisierung des Geschlechts. Zur Beharrlichkeit der Zweigeschlechtlichkeit.* Bielefeld: transcript, S. 43–60.

Metzler, Gabriele (2018a): „Einleitung. Die ‚Eroberung der Welt' und der Konflikt um universelle Rechte." In: *Informationen zur politischen Bildung. Europa zwischen Kolonialismus und Dekolonisierung 338. 3/2018*, S. 4–11.

Metzler, Gabriele (2018b): „Die Epoche des Hochimperialismus." In: *Informationen zur politischen Bildung. Europa zwischen Kolonialismus und Dekolonisierung 338. 3/2018*, S. 12–25.

Miles, Robert (1989, dt. 1991, neue Aufl. 2014): *Rassismus. Einführung in die Geschichte und Theorie eines Begriffs*. Hamburg: Argument.

Mitterer, Nicola (2016): *Das Fremde in der Literatur. Zur Grundlegung einer responsiven Literaturdidaktik*. Bielefeld: transcript.

Paál, Gábor (2023): „Woher kommt ‚Tohuwabohu'?" In: SWR Wissen. URL: https://www.swr.de/wissen/1000-antworten/woher-kommt-der-ausdruck-tohuwabohu-100.html (letzter Zugriff: 15.12.2023).

Paefgen, Elisabeth K. (2006): *Einführung in die Literaturdidaktik*. Sammlung Metzler. Stuttgart: Metzler.

Pfäfflin, Sabine (2010): *Auswahl für Gegenwartsliteratur im Deutschunterricht*. Baltmannsweiler: Scheider Hohengehren.

Pissarek, Markus (2018): „Merkmale der Figuren erkennen und interpretieren." In: *Auf dem Weg zur literarischen Kompetenz. Ein Modell literarischen Lernens auf semiotischer Grundlage*. 4. Aufl. Baltmannsweiler: Schneider Hohengehren, S. 135–148.

Presse- und Informationsamt der Bundesregierung (2020): „Maßnahmenkatalog des Kabinettazsschusses zur Bekämpfung von Rechtsextremismus und Rassismus." In: Presse- und Informationsamt der Bundesregierung. URL: https://www.bundesregierung.de/resource/blob/974430/1819984/4f1f9683cf3faddf90e27f09c692abed/2020-11-25-massnahmen-rechtsextremi-data.pdf?download=1 (letzter Zugriff: 15.12.2023).

Riedl, Doris (2017): *Abenteuer Indien!* Berlin: Kiddinx.

Rommelspacher, Birgit (2009): „Was ist eigentlich Rassismus?" In: Melter, Claus/Mecheril, Paul (Hg.): *Rassismuskritik. Bd. 1: Rassismustheorie und -forschung*. Schwalbach: Wochenschau, S. 25–38.

Rösch, Heidi (2019): *Grundschule Schwarz weiß? Denk- und Hnadlungsansätze für eine rassismuskritische Grundschule. Mit einem kritischen Blick auf Kinderbücher.* Basiswissen Grundschule. Bd. 40. Baltmannsweiler: Scheider Hohengehren.

Schaper, Ulrike (2019): „Deutsche Kolonialgeschichte postkolonial schreiben." In: bpb: Aus Politik und Zeitgeschichte. Deutsche Kolonialgeschichte. 40–42/2019, S. 11–16.

Schenker, Ina (2016): „Racevoicing." In: kinderundjugendmedien.de URL: https://www.kinderundjugendmedien.de/begriffe-und-termini/1850-racevoicing?highlight=WyJyYXNzaXNtdXMiXQ== (letzter Zugriff: 15.12.2023).

Schilcher, Anita/Pissarek, Markus (2018a): „Zum Begriff der Kompetenzorientierung und seiner Anwendung im Bereich des literarischen Lernens." In: dies. (Hg.): *Auf dem Weg zur literarischen Kompetenz. Ein Modell literarischen Lernens auf semiotischer Grundlage.* 4. Aufl. Baltmannsweiler: Schneider Hohengehren, S. 9–27.

Schilcher, Anita/Pissarek, Markus (2018b): „Kompetenzmodell Literarisches Lernen." In: dies. (Hg.): *Auf dem Weg zur literarischen Kompetenz. Ein Modell literarischen Lernens auf semiotischer Grundlage.* 4. Aufl. Baltmannsweiler: Schneider Hohengehren, S. 324–325.

Schlott, René (2020): „‚Wir schaffen das!' Vom Entstehen und Nachleben eines Topos." In: In: *Aus Politik und Zeitgeschichte.* URL: „Wir schaffen das!" | „Wir schaffen das" | bpb.de (letzter Zugriff: 15.12.2023).

Schubert/Schwiertz (2021): „Konstruktivistische Identitäspolitik. Warum Demokratie partikulare Positionierung erfordert." In: *Z. Politikwissenschaft.* online verfügbar: https://doi.org/10.1007/s41358-021-00291-2 (letzter Zugriff: 15.12.2023), S. 565–593.

Sinanoğlu, Cihan/Polat, Serpil (2023): „Rassismusforschung in Bewegung: Rassismus – ein *neues* altes Thema?" In: Nationaler Diskriminierungs- und Rassismusmonitor (Hg.): *Rassismusforschung I. Theoretische und interdisziplinäre Perspektiven.* Bielefeld: transcript, S. 7–23.

Sow, Noah (2015): „Weiß." In: Arndt, Susan/Ofuatey-Alazard, Nadja (Hg.): *Wie Rassismus aus Wörtern spricht. (K)Erben des Kolonialismus im Wissensarchiv deutscher Sprache: Ein kritisches Nachschlagewerk.* Münster: Unrast, S. 190–191.

Spinner, Kaspar H. (2006): „Literarisches Lernen." In: *Praxis Deutsch* 200, S. 6–16.

Spivak, Gayatri Chakravorty (2008): *Can the subaltern speak? Postkolonialität und subalterne Artikulation.* Wien: Turia & Kant.

Staiger, Michael (2014): „Erzählen mit Bild-Schrifttext-Kombinationen. Ein fünfdimensionales Modell der Bilderbuchanalyse." In: Abraham, Ulf/Knopf, Julia (Hg.): *Bilderbücher.* Bd. 1. Balmannsweiler: Scheider Hohengehren, S. 12–23.

Struve, Karen (2017): „Third Space." In: Göttsche, Dirk/Dunker, Axel/Dürbeck, Gabriele (Hg.): *Handbuch Postkolonialismus und Literatur.* Stuttgart: J.B. Metzler, S. 226–228.

SWR (2023): „‚Tauben im Gras‘: Lehrerin findet Kompromiss zu Abi-Pflichtlektüre annehmbar." In: SWR Aktuell. URL: https://www.swr.de/swraktuell/baden-wuerttemberg/tauben-im-gras-kompromiss-reaktion-lehrerin-100.html (letzter Zugriff: 15.12.2023).

THIELE, JOHANNAS (2023): „Erzählung und Film." In: Bernhart, Sebastian/Henke, Ina (Hg.): *Erzähltheorie(n) und Literaturunterricht. Verhandlung eines schwierigen Verhältnisses.* Berlin: J.B. Metzler, S. 273–288.

THURAM, LILIAN (2022): *Das weiße Denken.* übersetzt von Cornelia Wend. Bonn: bpb.

TIẞBERGER, MARTINA (2017): *Critical Whiteness. Zur Psychologie hegemonialer Selbstreflexion an der Intersektion von Rassismus und Gender.* Wiesbaden: Springer VS.

VON BRAND, TILMAN (2018): *Stundenplanung Deutsch.* Seelze: Kallmeyer.

WALGENBACH, KATHARINA (2020): „Weißsein und Deutschsein – historische Interdependenzen." In: Eggers, Maureen Maisha/Kilomba, Grada/Piesche, Peggy/Arndt, Susan (Hg.): *Kritische Weißseinsforschung in Deutschland. Mythen, Masken und Subjekte.* 4. Aufl. Münster: Unrast, S. 377–393.

WALGENBACH, KATHARINA (2006): „Weiße Identität und Geschlecht." In: Rehberg, K.-S. (Hg.): *Soziale Ingleichheit, kulturelle Unterschiede: Verhandlungen des 32. Kongresses der Deutschen Gesellschaft für Soziologie in München.* Teilbd. 1 und 2. Franfurt/Main: Camus, S. 1705–1717.

ZICHY, MICHAEL (2022): *„Das westliche Menschenbild: Hegemonie und Alternativen."* In: ders. (Hg.): *Handbuch Menschenbilder.* Wiesbaden: Springer Fachmedien, S. 1–24. URL: https://link.springer.com/content/pdf/10.1007/978-3-658-32138-3_60-1?pdf=chapter%20toc (letzter Zugriff: 15.12.2023).

ZIMMERER, JÜRGEN (2012): „Expansion und Herrschaft: Geschichte des europäischen und deutschen Kolonialismus." In: *Aus Politik und Zeitgeschichte. Kolonialismus.* URL: https://www.bpb.de/shop/zeitschriften/apuz/146973/expansion-und-herrschaft-geschichte-des-europaeischen-und-deutschen-kolonialismus/ (letzter Zugriff: 15.12.2023).

ZIMMERER, JÜRGEN (2014): „Widerstand und Genozid: Der Krieg des Deutschen Reichs gegen die Herero." In: *Aus Politik und Zeitgeschichte. Widerstand.* URL: https://www.bpb.de/shop/zeitschriften/apuz/186881/widerstand/ (letzter Zugriff: 15.12.2023).

LITERATUR – MEDIEN – DIDAKTIK

Bd. 1 Sebastian Bernhardt/Thomas Hardtke (Hg.): Interpretation – Literaturdidaktische Perspektiven. 292 Seiten. ISBN 978-3-7329-0818-9

Bd. 2 Sebastian Bernhardt (Hg.): Frank Maria Reifenbergs Werke im literaturdidaktischen Fokus. 380 Seiten. ISBN 978-3-7329-0908-7

Bd. 3 Sebastian Bernhardt/Eva-Maria Dichtl (Hg.): Frühkindliches Spiel und literarische Rezeption. Perspektiven der Kindheitspädagogik und der Literaturdidaktik. 256 Seiten. ISBN 978-3-7329-0903-2

Bd. 4 Stefan Emmersberger/Lea Grimm (Hg.): Kurzfilme im Deutschunterricht. Fachwissenschaftliche und fachdidaktische Perspektiven. 206 Seiten. ISBN 978-3-7329-0797-7

Bd. 5 Sebastian Bernhardt/Kirsten Kumschlies (Hg.): Antonia Michaelis' Werke im literaturdidaktischen Fokus. 260 Seiten. ISBN 978-3-7329-0915-5

Bd. 6 Natalie Beck: Rassismussensibler Literaturunterricht in der Grundschule. Mediendidaktische Perspektiven. 136 Seiten. ISBN 978-3-7329-1007-6

Bd. 7 Ines Heiser: Handlungs- und produktionsorientierter Literaturunterricht in Zeiten der Kompetenzorientierung. Eine kritische Revision. 516 Seiten. ISBN 978-3-7329-0955-1

Frank & Timme